풍경과 간이역

풍경과 간이역

글·사진 배홍배

신아출판사

prologue

철길은 대지의 맥을 따라 놓여 있다.

열차가 맥을 짚어가며 한 걸음 한 걸음 나아갈 때,

몸으로 전해오는 진동이 육신의 감각을 두드려

대지의 영혼 속으로 끊임없이 향할 때

사람들은 이전의 추상적 체험으로부터 탈피하여

내면에 존재하는 구체적 영광으로 달려가는

이 땅의 순수한 순례자가 된다.

― 본문 중에서

Contents

008 **벌교역** | 노래 〈부용산〉을 찾아서

028 **도경리역** | 영화 〈워낭소리〉와 함께 가는 여행

049 **구둔역** | 추억의 가장 깊은 곳

073 **심천역** | 경부선의 유일한 근대 문화유산 바람의 역

097 **청소역** | 시간의 순수한 황무지로의 여행

121 **일산역** | 중심의 변두리역

143 **상천역** | 마음속의 간이역

163 **율촌역** | 이국적인 남방풍의 역

187 **반야월역** | 달 뜨는 역에서 태양을 기다리다

203 **송정역** | 불투명한 내일로부터 쫓겨난 어둠의 피난처

229 **나주역** | 시간의 황무지에 서 있는 성스러운 폐허

247 **선평역** | 아라리의 발원지

273 **정선역** | 정선 5일장

297 **화랑대역** | 서울 속의 간이역

319 **팔당역** | 마지막 간이역

벌교역

노래 〈부용산〉을 찾아서

내게 여행은 언제나 그렇듯 즉흥적이고 무계획적이다. 무엇을 어떻게 만 날지 모른다는 것은 대상을 만날 때 무엇을 어떻게 생각해야할지 모른다 는 것이다. 그러므로 기차에 오르기 전까지 나의 뇌리 속은 텅 비어 있 다. 열차가 서고 생각 속으로 밀물처럼 밀려들어온 낯선 이미지들이 생 각의 가장자리를 철썩이다 썰물처럼 빠져 나갈 때 미처 빠져나가지 못하 고 뇌리에 걸린 것들이 내 여행의 지도가 된다. 렌즈에 들어온 것들의 명 암이나 맨살에 살랑거리는 바람이 여행의 지도 위에 추억의 길을 만들어 가는 것이어서 때로는 엉뚱하게도 투명한 빛이라든가 산뜻한 바람의 발 꿈치 같은 것들이 나를 지독한 향수 속으로 잘못 이끌기도 한다. 새해가 밝아온 지 벌써 주말이 두 번이나 지나갔다. 꿈과 같은 방학을 빈둥거리 며 어느덧 절반을 흘려보냈다. 아침에 일어나 창밖을 내다보니 하늘이 하도 맑아 예정도 없이 카메라를 메고 호남선 하행열차에 올랐다.
광주에서 내려 오랫동안 만나지 못했던 지인들을 찾아보고 다음날 아침 경전선 무궁화호 열차에 탔다. 전라선의 율촌역과 더불어 우리나라에선 유일하게 남방식의 역사驛舍였던 송정리역도 예전의 모습을 찾아볼 수 없다. 열차는 현대식으로 단장된 플랫폼을 미끄러지듯 출발한다. 극락 강역과 남평역을 지나면서부터 그 옛날 정답던 역들이 대부분 사라지고 버스 승강장 같은 간이역들만 쓸쓸하게 서 있다. 내리고 타는 사람도 없 는데 간이역마다 완행열차는 멈춘다. 다시 열차가 흐느끼듯 조용히 흔들 리며 움직이면 가슴 깊은 곳에서 까닭 모를 비애가 밀려오고 낯선 풍경 들은 슬픔이 고요하게 초대하는 정의 세계 안으로 하나둘 수줍게 들어온다. 열차의 창문에 목적 없이 떠도는 풍경들도 두 줄기의 감각과 정신의 철로 위에서 교합하거나 배척하지 않고 평행을 이루며 새로운 영감으로 스친다.

열차는 넓은 들판을 거침없이 지나다가도 좁은 계곡의 시냇물을 따라 기우뚱거리며 흐르고 차창 안으로 들어오는 우리의 산천은 한결같다. 그러나 그것들이 만들어내는 풍경은 익숙함 속의 낯섦이어서 과거의 기억에 대한 파편들이 현재의 풍경 위를 달리는 시간의 한계를 벗어나지 못하고 제멋대로 재구성되고 편집되는 하나의 추상적 체험으로 다가온다.

남도의 철길은 대지의 맥을 따라 놓여있다. 열차가 맥을 짚어가며 한 걸음 한 걸음 나아갈 때, 몸으로 전해오는 진동이 육신의 감각을 두드려 대지의 영혼 속으로 끊임없이 향할 때 사람들은 이전의 추상적 체험으로부터 탈피하여 내면에 존재하는 구체적 영광으로 달려가는 이 땅의 순수한 순례자가 된다.

철길을 받치는 침목들 하나하나는 그 자체로써 의미를 지니지 않는다. 그러나 반도의 서에서 반도의 동으로 질서 있게 놓인 이곳의 철로 위를 열차가 출렁이며 달리면 그 안에 타고 있는 사람들의 추억의 무늬에 따라 침목들은 미세한 감각들로 꿈틀거리며 그들의 순례의 길을 안내한다. 열차가 벌교역에 가까워오자 발등까지 낮아지는 가슴을 침목 하나가 받쳐주고 다른 침목들이 그 아래서 가슴에 대하여 노래할 때 벌교와 관련된 애처로운 노래 하나가 떠오른다.

부용산 오리길에
잔디만 푸르러 푸르러
솔밭 사이사이로
회오리바람 타고
간 나는 말 한마디 없이
너만 가고 말았구나
피어나지 못한 채
병든 장미는 시들었구나
부용산 산 허리에
하늘만 푸르러 푸르러

– 박기동 〈부용산〉

어느 문인 모임에서 한 노시인이 부르는 이 노래를 처음 들었다. 노래를 듣는 동안 노시인의 눈에도 내 눈에도 눈물이 어렸다. 내가 음악이나 노래를 듣고 눈물을 흘린 것은 단 두 차례였다. 한 번은 브람스의 클라리넷 5중주 b단조였고 이 노래가 두 번째였다. 곡조도 애처로웠지만 노랫말이 참으로 서러웠다.

본래 노래는 신과 인간의 의사소통수단이었다. 고대의 신은 곧 자연이었으므로 인간의 노래는 자연의 소리를 모방하거나 흉내 내는 것이었다. 그들의 영혼은 노래를 통해 자연과 교감하고 위안을 얻었으나 오늘을 살아가는 사람들은 자연의 소리를 외면함으로써 자신들의 신을 잃어버렸다. 현대인들의 의식은 그들의 영혼에서 나와 유랑자 신세로 전락했다. 몽유병자처럼 불투명한 의식에 개방된 미지의 소리공간을 하염없이 떠돌 뿐 고독이나 슬픔 같은 내밀한 자유의 노래를 잃어버린 것이다. 벌교를 목적으로 하고 떠나온 것은 아니지만 가슴을 울린 노래 따라 부용산으로 자연스럽게 향하는 발걸음은 벌교역에서 내렸다.

벌교역 · 15

역의 광장으로 나오자 여느 읍과는 다르게 규모가 크고 번잡한 상거리가 펼쳐진다. 벌교는 조선 말기까지만 해도 낙안 벌의 끝자락에 매달린 갯가의 빈촌이었다. 남도 내륙의 농산물을 일제가 수탈할 목적으로 이 빈한한 갯마을을 신흥도시로 키운 것이다. 뽕밭이 바다가 된다는 옛말은 있었어도 바다가 농토가 되는 일인들의 간척사업에 조선의 사내와 아낙들의 갯벌 같은 막막한 가슴에서 짠물은 빠져나가지 않았다. 새로 지은 선착장에 일인들의 통통배가 들어오며 밀물을 앞세워도 언제라도 부스러져 내려앉을 것 같은 우리네 아버지 어머니의 검은 다리, 뗏목다리는 그래도 수백 년을 버텨온 것이어서 자신의 몸뚱이에 깊은 신뢰감을 가진 듯 굳건했다. 그러나 수천 년이 흘렀어도 경제가 경제논리로 성립되지 못한 이 땅에 자신의 등을 타고 넘어오는 신흥 자본 동족들의 욕망의 무게에는 경이로운 적대감도 허물어져 한낱 불안한 육체의 저항수단으로 벌교筏橋:뗏목다리라는 이름만 오늘까지 남아있다.

지나가는 사람에게 부용산의 소재에 대하여 물었다. 그는 벌교시가지 뒤로 그리 높지 않게 솟은 산 하나를 가리킨다. 마음속으로 그리던 모습과는 사뭇 다른 산의 모습이다. 우리나라 어디에서나 볼 수 있는 마을 뒷산이다. 저런 평범한 산이 그토록 애처로운 노래와 관련이 있다니, 여기서 잠시 노래 〈부용산〉에 대하여 알아본다. 1948년 목포 항도여중생이던 김정희라는 문학소녀가 폐결핵으로 사망한다. 평소 그녀를 아끼던 음악교사 안성현이 동료교사인 박기동의 시에 곡을 붙여 장례식 때 재학생 배금순에게 부르게 했는데 노래가 어찌나 처량한지 사람들의 입과 입을 통해 전남의 남서해안 일대로 퍼져나가게 된 것이다. 노랫말을 지은 박기동은 이곳 벌교 사람이다. 일본 관서대 영문과를 졸업하고 당시 목포의 항도여중에 국어교사로 근무 중이었지만 그의 시 〈부용산〉은 항도여중으로 부임하기 전 벌교에 있을 때 폐결핵으로 요절한 누이를 그리며 쓴 시였다.

이같은 노래는 어쩌면 흔히 듣는 애사哀詞들 중의 하나일 수도 있다. 그러나 이 노래가 지금에 와서 사람들의 관심을 끄는 것은 지난 50여 년 동안 금지곡이 아닌 금지곡으로 되어 있었다는 것이다. 〈부용산〉을 부른 사람은 빨갱이로 몰렸기 때문이었다. 국민의 정부에 들어서 해금될 때까지 사람들의 기억에서조차 거의 잊혀졌다. 노랫말로 보아 사상과는 아무런 관련이 없어 보이지만 연유는 다른 데 있다. 동요 〈엄마야 누나야〉의 작곡가이기도 한 안성현은 나주 남평 출신으로 무용가 최승희와 함께 월북한 안막의 친조카이다. 그 역시 6·25 직전 3·8선을 넘었다. 다른 이유는 6·25전란 당시 빨치산들이 이 노래를 부른 데 있다. 북으로부터도 버림받고 산중에서 내일을 기약할 수 없는 그들은 자신들의 비참한 신세를 한탄하며 속울음 울듯 〈부용산〉을 불렀다고 한다. 그리고 구례의 어느 산골처녀가 빨치산에 부역한 죄로 군경에게 잡혀가며 이 노래를 슬프게 불렀다는 설도 있듯 사람들에게 〈부용산〉은 빨치산의 노래로 인식된 것이다.

작사자 박기동은 우리나라에서 적응하지 못하고 호주로 이민 가서 지난 2005년 그곳에서 타계했다. 월북한 안성현도 죽고 해금도 이루어져 안치환, 한영애, 이동원 등이 음반 취입까지 했으나 남과 북 사이엔 아직도

머나먼 차가운 이념의 철길이 놓여있다. 그러나 세상에서 가장 안전하고 빠른 교통수단은 우리의 가슴이다. 가슴으로 닿지 못하는 곳은 어디에도 없다.

역전의 택시기사들이 추천하는 어느 식당에서 벌교의 명물 짱뚱어탕을 먹고 부용산 오리길을 향했다. 반쯤 폐허가 된 정미소 앞으로 오르는 언덕길은 꽤나 가파르다. 몇 걸음 오르지 않아 숨이 차다. 산을 오른다는 것은 산에 대한 몸의 적응이다. 피곤함이나 지루함, 두려움 같은 정서적 장애와의 한판 싸움이다. 지금 엄습해오는 피로는 몸이 느끼는 것이 아니라 미지의 세계에 대한 호기심이 먼저 지쳐있기 때문이다. 진정 무엇인가를 인식하는 즐거움은 길에서 만나게 되는 것들에 이해가 아닌 감각의 창문을 열어놓고 자신을 망각하는 순간 가능하다는 것을 오랜 여행의 경험에서 깨달았다.

산은 이미 늙고 흙빛으로 변해버린 잔디 사이로 길은 흘러가서 다시 오리길로 돌아오지 않는다. 권태는 언제나 회고적인 것이다. 돌아보면 턱 밑까지 차오른 벌교만의 아득한 수평선 위로 거친 숨결만 끓어오른다. 갑자기 잡풀 사이에서 장끼 한 마리가 푸드득 날아오른다. 한길 떨어진 건너편 언덕 위에 내려앉아 목을 꼿꼿이 세우고 당당하게 이쪽을 바라본다. 위험은 숨기지 않을 때, 남의 눈에 쉽게 드러날 때 더 이상 위험이 아니라는 것을 저 미물도 알고 있는 것이리라.

산의 중턱에 〈부용산〉 노래비가 서 있다. 본래 노래는 1절뿐이었는데 2절까지 되어 있다. 훗날 박기동 시인이 써서 붙인 것이다. 노래는 1절이나 2절이나 애절하기는 매한가지다. 사람들은 노래 앞에서 모두가 서러운 세월이었다. 노래가 받치고 있는 허공의 무게 아래 우리의 무지는 뻥 뚫린 공간에 대한 무모한 두려움이었다. 오늘도 잊힌 시인이 한 생애는 누이의 슬픔으로 다시 만발했다. 하늘에 젖은 노래비의 차가운 어깨 위로 부는 바람은 낙안벌의 끝자락에서 상처도 없이 온몸이 울음이다. 눈물도 없이 가슴으로 흐르는 부용산 오리길의 가파름 안에서 이 여행객은 이 땅의 우연한 손님에 불과하다.

노래비를 지나 산의 정상으로 오르는 길가에 파란 보리밭이 펼쳐있다. 박기동의 누이가 따라간 회오리바람이 보리밭 위에 아직 맴돌고 있는지 보리들이 항거하듯 뿌리들을 들어 올리고 있다. 보리는 차가운 땅에 가는 뿌리를 내리고 한겨울의 찬바람에 대항한다. 추위를 추위로 견뎌내는 것이다. 누이를 잃은 시인이나 사랑하는 예쁜 제자를 하늘나라로 먼저 떠나보낸 젊은 스승 또한 슬픔을 슬픔으로 극복할 수밖에 없었을 것이다.

보리밭 위쪽으로 서 있는 이국종 동백나무가 그들에 대한 기억을 불러와 빨간 장미 같은 꽃들을 피웠다. 이제 부용산 오리길의 솔밭 사이 회오리바람은 먼 길을 돌아갔다. 오래된 소나무 가지들이 가리키는 곳으로부터 파란 하늘이 뜨고 하늘을 외면하는 희미한 구름을 따라 붉은 동백꽃 하나가 소리 없이 진다.

부산행 열차에 다시 올랐다. 산을 오르고 내려와서인지 온몸이 후끈 달아오른다. 두꺼운 오리털외투를 껴입은 탓도 있으리라. 도시인들에게 계절은 달력 안으로만 찾아온다. 꽃의 향기나 새가 우는소리, 눈이 내리는 소리까지도 달력 안에서 눈[目]으로 맡고 듣는다. 겨울의 달력 안에서 달력 밖으로 무장을 단단히 하고 나온 것이다. 의자에 깊숙이 앉아 차창 밖을 내다본다. 해가 서산으로 이미 기울었다. 의자 아래, 정확히는 내 감각 아래서 열차의 맨발소리가 들린다. 기차는 땅 위를 맨발로 걸어가는 속죄의 여행자처럼 미지의 위험요소에 자신의 몸뚱이를 직접 내맡김으로써 자발적인 시련의 구도자가 되어 대지 위에 길게 엎드린다. 열차는 요철이 험한 언덕길을 내려가며 깊은 바람 속으로 빠져들고 승객들이 바람의 기도문을 외우듯 저마다 한 가지씩 뭔가 입안에서 웅얼거리며 긴 휘파람소리를 내면 비눗방울 같은 포구의 불빛들이 차창에 미끄러진다. 이제 밤차는 어둠 속에서 몸을 벗고 맨 바람이 되어 잠 안으로만 불어오는데 어느 항구의 불빛이 나의 밤 안으로 미끄러져 들어와 반짝여 줄 것인지 막차의 흐름은 끊임이 없다.

도경리역

영화 〈워낭소리〉와
함께 가는 여행

최 노인은 소의 코뚜레를 풀어주었다. 워낭도 벗겨냈다. 생이 얼마 남지 않은 늙은 소에게 그가 마지막 베푸는 선물이었다. 코뚜레와 워낭은 소가 자신의 한평생을 의탁한 외부적 운명이었다. 소의 튼튼한 근육은 역동성으로 타율적 삶에 봉사하였고 소의 봉사는 우리에게 늘 아름다움의 대상이었다. 마지막 가쁜 숨을 몰아쉬는 소의 꺼져가는 눈빛이 일어나라고 울부짖는 노인의 메마른 눈물 속에서 어슴푸레 빛날 때 객석 여기저기서 훌쩍이는 소리가 들렸다. 이충렬 감독의 늙은 소의 죽음은 그렇게 아름다움의 객관성으로 완성된 것이다.

우리의 또 다른 소, 영동선의 완행열차는 오늘도 느릿느릿 태백을 넘으며 한 생을 완성해 간다. 마지막일지도 모르는 언덕길 위에서 열차는 헐떡거리고 길은 다시 구부러져 터널 속으로 들어간다. 덜커덕거리는 늑골 위에서 머리가 거추장스럽다. 열차가 터널에서 빠져나온다. 차창은 환해지고 사람들의 머리는 한들한들 저마다 이름 모를 봄꽃들이다.

덜커덕거리는 열차의 바퀴 소리는 자신의 비효율성과 느린 삶에 대한 스스로의 끊임없는 불평이다. 영화에서 최 노인의 불편한 다리와 늙은 소의 느려터진 걸음의 속도는 기다림과 희망을 따로 구획하지 않는다. 다만 노인의 절뚝거리는 걸음이 늙은 소의 비틀거리는 걸음 속으로 하나의 풍경이 되어 들어가 사람이 소의 풍경의 깊이에 잠길 뿐이다. 이 까마득한 풍경의 두께를, 기다림과 희망 사이의 거리를 완행열차는 천천히 건너가고 있는 것이다.

도경리역에선 열차는 서지 않는다. 여객 취급이 정지된 지 오래다. 동해역에서 내려 38번 도로를 타고 걸어서 다시 올라와야 한다. 거의 한나절이 지나서 도경리역 입구로 들어가는 길에 들어섰다. 오후 3시가 가까운 산골의 낮은 벌써 어둑하다. 검은 산을 배경으로 길이 역광을 견디면서 겨우겨우 흘러내린다. 길가엔 오래된 감나무가 헝클어진 제 그림자를 무기력하게 흘리고 길은 한 번 더 구부러져 내게 흐른다. 뒤늦게 흘러내린 산의 그림자가 흩어진 발자국들을 쓸어간다. 나는 발자국과 발자국 사이의 소리로 남아 어디선가 희미하게 들리는 개 짖는 소리에 쉽게 지워지고 조형의 본능, 우리의 도경리역은 정교한 폐허 위에 서 있다.

강원도 삼척시 도경동 산 37-3번지, 1940년 8월 1일에 개업한 도경리역은 개업 당시의 모습을 간직하고 있다. 지난 2006년 등록문화재 제28호로 지정된 역은 지금까지 원형이 남아 있는 몇 안 되는 간이역 중 하나다, 역의 명판도 흰색 바탕에 검은 글씨로 된 옛것 그대로다. 흰색과 검은색은 우리 민족의 보편적인 친근한 색이다. 흰색과 검은색은 정 반대의 색이면서도 함께 어울릴 때 서로 밀어내지 않고 융합하여 안정감을 준다. 무채색의 소박함은 자신을 설명하지 않고 세상의 유채색을 포용하기 때문이다. 모든 색은 섞여 검은색이 되고 모든 빛은 모여 흰색을 이루는 것이 이를 증명한다. 그러므로 도경리역의 무채색은 사물의 색을 자신의 안으로 끌어들이는 만큼 밖으로 밀어내는 적극성을 지녔다. 역의 창은 밖에서 잠겨있고 밖에서 안으로 들여다보는 풍경이어서 도경리역은 사람이 풍경을 향해 자신을 열어야 비로소 보이는 목마름의 풍경이다.

등이 굽은 한 노파가 역의 광장을 가로질러 지팡이를 짚고 절뚝절뚝 걸어간다. 역 어디를 둘러보아도 인가는 보이지 않는다. 석양의 희미한 빛을 뚜벅뚜벅 짚어가는 등 뒤로 자꾸만 뒷걸음질하는 그림자는 저 노인을 아무 곳에도 데려가지 못한다. 노인은 몇 발의 걸음으로 키 작은 나무였다가 건너편 산이었다가 펄썩 주저앉고 마는 그늘이다. 사람과 풍경 사이는 너무 넓다. 영화 〈워낭소리〉에서 이 충렬의 소는 최 노인과 자신과의 사이 무한 거리를 걷고 또 걷는다. 그러나 거리는 좀처럼 좁혀지지 않는다. 소와 인간의 풍경 사이에서 소의 걸음은 언제나 낯선 몸짓일 뿐이다. 노파의 걸음은 다급하다. 한 발 옮길 때마다 아득히 물러나는 제자리에서 노인의 걸음은 풍덩 어스름에 빠지고 역의 창문이 지붕이 잠겨 들어간다.

집표함엔 언제 넣었는지 모르는 색 바랜 차표들이 쌓여있다. 2007년 6월 1일 여객 취급이 정지되었으니 지금 함 속에 있는 것들은 두 해 이전 누군가 다녀간 흔적들이다. 함 속을 오랫동안 들여다보다 글씨가 거의 지워진 차표 한 장을 꺼내어 손바닥에 올린다. 나 같은 여행객들에게 앞서간 사람들의 흔적은 흥미로운 것이다. 흔적의 주인공들은 언제 어디서 왔으며 누구였는지는 그리 중요한 일이 아니다. 그가 무슨 생각으로 이곳에 내렸으며 그의 눈에 비치는 역의 풍경은 어떤 것이었는지가 관심의 대상이다. 차표를 물끄러미 들여다본다. 글씨가 지워진 곳에 미로, 마차리, 고사리, 심포리 같은 산골역의 가여운 이름들을 붙여본다. 하늘이 눈 아래서 어룽거린다. 다음엔 동해, 망상, 정동진 같은 바닷가 역들을 불러본다.

정처 없는 한평생이 밀리다 닿았을 해변의 모래사장이 몸속까지 펼쳐진다. 혹여 닳고 지워져 차표 안에서 달아나려고 하는 요금으로 누군가의 삶의 무게를 헤아려보려고 든다면 지치고 뉘우칠 하루가 더 남을 뿐이다.

바람도 사람도 모두 떠나간 대합실에 우두커니 앉아있다. 아무런 소리도 들리지 않는다. 산골바람도 굳게 닫힌 창문은 흔들지 못한다. 대합실 안으로 들어오는 것은 대합실보다 밝은 외부의 빛뿐이다. 빛은 대합실의 모든 사물에게 우월한 적의가 있는 듯 빛을 받는 사물들은 선명하게 자신의 색을 드러낸다. 폐쇄된 매표구의 창을 가로질러 박아놓은 쇠창살이 차갑게 번뜩인다. 몸뚱이에서 식은땀 냄새가 난다. 대합실 벽엔 세련되어 보이는 소년과 소녀의 커다란 사진이 걸려있다. 소년과 소녀는 사진 속에서 웃고 있다. 그들의 웃음은 난감하다. 절대의 적요 속에서도 그들의 웃음소리는 들리지 않는다. 그들의 웃는 표정은 서글프다. 카메라를 들어 파인더를 들여다본다. 노출을 몇 단계 올려본다. 아, 보인다. 그들의 얼굴은 겹겹이 쌓인 외로움의 무게를 견디지 못하고 어두워진 거다. 외부에서 들어온 빛의 몫은 아무렇지도 않게 환한 인기척이 이곳의 침묵 속에선 얼마나 슬픈 것인지 말해주는 것이다.

사람의 발길이 끊긴 플레이트 홈으로 나왔다. 화물차가 지나간다. 휙ㅡ, 눈앞을 스쳐가는 열차는 구부러진 길을 천천히 돌아간다. 열차는 스스로 방향을 바꾸지 못한다. 놓인 길을 그저 따라가는 무의식의 운명이다. 그러므로 열차가 멀리 돌아가는 것은 길이 그렇게 멀리 있는 것처럼 보이기 때문이다. 얼마 있지 않아 반대 방향에서 열차가 들어온다. 이번엔 객차다. 열차는 멀리서 느리게 돌아와 나를 바짝 지나쳐간다. 한참을 지나가는데 느낌은 순간이다. 첫 번째 열차의 길은 나에게서 먼 곳을 향했고 두 번째의 것은 먼 곳으로부터 나를 향했을 뿐 그 길이는 같다. 내게 오는 시간은 순간이지만 나를 떠나가는 시간은 참을 수 없이 긴 시간이다. 순간과 긴 시간 사이의 인식의 부정확성은 가혹한 것이어서 기찻길이 생긴 이래 이별의 장면은 언제나 기차역이었고 구부러진 철길조차도 끝내 화합하지 못한 채 기어이 평행선이다. 고집불통의 열차 여행자라면 바랄 것이다, 이 참혹한 추억들이 나날이 무사하기를.

열차가 또 들어오는지 작은 확성기에서 위험을 알리는 신호가 들린다. 듣는 사람은 없는데 어김없이 울었을 것이고 지금도 운다. 여기서 우리의 소, 이 충렬의 소로 잠깐 돌아간다. 소는 죽음 직전까지 "음—음—." 짧게 운다. 동물에게 울음소리는 의사표현이다. 동물의 의사표현은 단순 명쾌하다. 인간의 말은 복잡하게 분화되어 있다. 인간의 언어가 논리적인 것이라면 동물의 언어는 감성적이다. 소의 울음소리는 언제나 똑같이 들리는 것 같지만 최 노인은 그것을 여러 가지로 알아듣는다. 소의 감성은 일방적이고 최 노인의 감성은 정처 없다. 열차의 기적 소리 역시 일방적이고 냉정하다. 나는 이 자리에 먼저 섰던 누군가의 열정으로 기계의 언어를 해석하며 머리만 남은 기차가 무거운 그늘을 머리에 이고 천천히 들어오는 것을 바라본다. 내 몸뚱이가 먼저 어두워지고 깜깜한 망막에 기관사의 놀란 흰 눈망울이 창백한 달처럼 떠 있다.

기차는 잠시 멈추더니 다시 아주 천천히 움직인다. 객차를 모두 떼어낸 기차는 코뚜레를 벗긴 늙은 소를 닮았다. 그들이 평생 짊어진 무게는 대지 속으로 깊이 내려가는 것이어서 오래된 기차일수록, 늙은 소일수록 그들의 울음소리는 깊다. 기적소리와 소의 울음의 근원지는 대지이고 그들의 울음소리를 듣는 것은 땅의 울음소리를 듣는 것이다. 나는 발밑에 울리는 대지의 진동의 유래를 그들의 오래된 고단함으로 들으며 소의 걸음으로 천천히 기차를 따라 걷는다. 어쩌면 이 충렬의 소처럼 저 기차도 퇴역할 날이 얼마 남지 않았는지도 모른다. 철마가 그토록 그리워했던 산업화의 목마름으로, 우리의 소가 갈망했던 농촌 근대화의 목마름으로, 그 만큼의 유혹으로 기차와 하나의 방향으로 서서 기차가 시야에서 사라질 때까지 바라보며 한 세월을 견뎌온 것들에 대한 경의를 표한다.

산골의 바람은 이미 봄이지만 아직 차갑다. 으스스 한기가 들어 다시 대합실로 들어갔다. 점점 땅거미가 짙어지는 창밖을 내다보고 있을 때 어디선가 부스럭거리는 소리가 들린다. 나무 의자 밑 조그만 구멍으로 까만 머루 알 같은 것이 반짝인다. 쥐의 눈이다.

마룻바닥의 터진 구멍으로
빠끔히 내다보는
쥐, 쥐의 눈
아무도 들여다보지 않아서 어두워져버린 쥐의 눈이
어두워서 슬픈 눈이
더듬는
내 몸뚱이에
어스름이랄까
그늘 같은 것이 번진다
쥐의 눈은
벌써 축축해졌으므로
허물어졌으므로
슬픔은,
검고 고요해도 무방했겠지만
또랑또랑 반짝이는
까만 눈물 한 방울은
동그란 심장
보수주의자의 딱딱한 맥박이 흘러나온다

쥐와 눈을 마주친 채 서로 마냥 바라본다. 쥐의 눈은 투명하도록 까만 눈물방울이다. 금방이라도 두 눈알이 떨어져 데구루루 구를 것만 같다. 한참을 들여다본다. 까만 쥐의 눈 속을 들여다본다고 해서 내 눈은 맑아질 것인가. 눈물은 고일 것인가. 고여서 서럽게 마음에 담아둔 일도 적실 것인가.

영화 〈워낭소리〉를 감상하는 내내 여기저기서 훌쩍이는 소리들이 들렸지만 내 눈에선 눈물이 나지 않았다. 최 노인이 영정 사진을 찍을 때 "웃어." 하고 소리치는 김 할머니의 호통에 관객들은 천진스럽게 웃었다. 나는 그때 찔끔 눈물이 났다. 나의 가슴은 오래되어 황폐되었다. 황폐한 가슴 구석에 흩어진 연민의 잔해들을 쥐어짜서 한 방울의 눈물을 흘리게 한 것은 김 할머니의 호통이었다. 김 할머니는 남편에게 웃으면서 영정 사진 안으로 들어가라고 소리친다. 웃으며 죽음 안으로 들어가라고 하는 것이다. 죽음 밖에서 죽음 안으로 바라보는 웃음은 체념이다. 체념보다 깊은 웃음인 최 노인의 진정한 눈물을 나는 보고 만 것이다.

대합실의 바깥 벽시계가 오후 4시를 가리킨다. 그 아래 낡은 간이 우편함이 외롭다. 사람의 발길은 끊기고 시곗바늘만 쫑긋 바람 소리를 듣고 있다. 처마 끝 아래가 동그랗게 움푹 파인 것은 박공 지붕 위에서 미끄러진 바람과 비와 눈의 흔적이다. 산골 사람들이 모두 외롭다는 것을 저 바람의 흔적으로 읽었어도, 아무리 처마 밑에 외롭게 서 있었어도 나에게 불어오는 바람은 눈보라 빗방울은 없다. 창문에 얼룩진 무늬들을 나의 각성이라고 가리키는 시곗바늘 끝에서 어슴푸레한 달은 떠오른다. 달에게 한 발 빗긴 걸음으로 다가가면 몇 시간쯤 더 어두워지는 각성을 어쩔 수 없이 수취인 불명으로 기록해서 우편함에 넣는다.

마을버스가 오는 시각까지 역사의 흰 강아지와 논다. 문득 강아지가 눈을 들어 허공을 쳐다보고 짖는다. 동물의 눈길이 가는 곳엔 살구꽃 한 송이가 반쯤 벌어져 있다. 어릴 적 고향의 봄의 색깔은 온통 살구꽃 앵두꽃으로 칠해졌다. 우리 집, 이웃집, 외갓집까지 봄이면 온 동네가 살구꽃으로 덮였다. 바람에 살구꽃이 흔들리면 동네의 초가지붕들이 흔들리고 지붕이 흔들리면 붉은 노을이 내려와 지붕을 덮었다. 동네 총각들의 가슴은 연분홍 미래로 설레고 살구꽃 아래서 처녀들은 까닭모를 글썽임에 젖곤 했다. 증조할아버지가 심으셨다는 동네에서 제일 큰 우리 집 살구나무는 지붕보다 높아서 살구꽃이 지붕을 덮으면 예쁜 막내고모는 살구꽃의 향기에 눌려 봄 내 잠 못 이루고 살구나무는 비릿한 신음소리를 냈다. 그러면 할아버지는 지붕 위 살구나뭇가지를 몽땅 베어버리고 살구꽃이 진 자리엔 눈물 같은 열매가 글썽였다.

살구꽃이 졌다

떨어진 꽃잎은 잊혀졌지만
꽃이 있던 자리는 점점 자라서
아이 울음만큼 자라서
직박구리가 목이 쉬어 떠났다

가서는 다시 오지 않았다.
새가 앉았다 간 자리를 쳐다보아도
아무리 쳐다보아도
꽃잎을 쉬이 잊은 일에 대한 반성이나 가책 말고는
달리
설렐만한 일은 없었으므로
살구꽃 사진을 침실에 걸어놓고 물끄러미 쳐다보곤 했다
새가 떠나지 않았다면
침실의 어두운 불빛 아래가 아니었다면
꽃잎 속에서 어떤 그리움이 무릎 바짝 세우고
나를 내려다보는 줄이나 알았겠나
살구 알이 자라서 드리우는 동그란 그림자 안이
그처럼 환한 줄 생각이나 했겠나

버스를 타고 가 태백에서 완행열차에 올랐다. 암흑으로 가득 찬 창문에 둥근 달이 걸려 있다. 달은 죽음의 입구처럼 을씨년스럽다. 날카로운 바람이 창문을 휙휙 할퀴고 간다. 나는 저 바람에게 책임 질 일은 없다. 내가 간이역을 혼자 두고 오기는 했으나 역의 지붕에 두고 온 기억은 차창에 둥글고 뚜렷하다. 창문에 내던져지는 마을의 불빛들은 한낮의 가책인 듯 깜박거리다 최후를 맞고 열차는 느린 속도로 나의 육체의 길을 더듬어 갈 때 몸속엔 기계의 동맥이 꿈틀거린다.
문득 최 노인과 늙은 소가 떠오른다. 나를 자꾸만 쫓아오는 저 달은 내레

이션 없는 암흑의 스크린에 불쑥불쑥 들어와서 불평을 하는 김 할머니의 둥근 얼굴이다. 사람이나 동물이나 사물이나 모든 존재는 태어나고 살아가고 죽는다. 그것들은 서로에게 무책임한 용기를 준다. 때로는 그것이 탄식일지라도 그릇된 희망일지라도 결국엔 진리라는 것을 이번 여행과 영화 〈워낭소리〉에서 얻은 교훈이다.

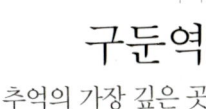

구둔역

추억의 가장 깊은 곳

예년보다 일찍 봄이 찾아왔다. 아파트 사잇길 마다, 주택가의 좁은 길 가에도 어디라 할 것 없이 만발한 개나리, 살구꽃, 앵두꽃, 벚꽃들의 향기에 현기증이 든다. 그러나 이 어여쁜 꽃들에게서 자꾸만 눈물 냄새가 가는 것은 왜일까. 매연에 그을리고 가지가 잘려나간 뭉툭한 나무들이 꽃잎 속에 간직하고 있는 것은 나무의 눈물인가. 이 가지 저 가지 옮겨 다니며 꽃잎 사이 뭔가를 찾는 직박구리는 아침 내내 목이 쉬어 운다.

봄이라고 모두에게 봄은 아니다. 우리의 봄은 가난한 우리네 가계를 위로하듯 낮은 지붕 위로 오래된 가지들을 늘어뜨려 후끈 꽃송이들을 피우는 살구나무의 들큼함으로 인식되고, 봄볕에 야윈 묵은 울타리의 얇은 그늘을 다독이며 가만히 밀어올린 꽃망울을 수줍게 터트리는 앵두나무의 그윽함으로 이해되었다. 몽우리를 트는 목련꽃들이 하늘을 향해 비정하게 총을 겨누고 개나리는 담장 밖으로 가지를 내려 회색도시의 희뿌연 아침 공기 속을 뒤적인다. 누렇게 뜬 시간 속으로 구걸하듯 힘없이 어깨를 늘어뜨리고 서 있는 버드나무 아래를 지나 나의 생은 얼마나 붐비며 오늘도 어디로 흘러가는 것인가.

살구나무와 앵두나무가 그렇게 들큼하고 그윽했던 것은 우리네 나지막한 지붕을 내려다보며 감싸던 그 높이의 우월성에 있었다. 그러나 오늘날 살구나무보다 높지 않은 건물은 없다. 현대식 담장보다 높은 앵두나무는 어디에도 없다. 우리의 봄꽃나무들은 그 높이를 위해 해마다 먼저 피우려고 아우성이다.

아파트 여기저기 피어있는 꽃들을 향해 카메라 렌즈를 겨눈다. 아무리 이리저리 프레임을 옮겨 봐도 좋은 그림이 들어오지 않는다. 끝이 잡히지 않는 아파트의 지붕을 욕설처럼 손가락질하듯 나무들은 하늘을 향해 가지를 날카롭게 뻗었다. 가지 사이사이엔 독한 꽃잎들의 향기가 흥건하다. 가슴속엔 들숨 한번에도 피었다 지는 내 유년의 꽃가지가 벋어내려 아픔인지 슬픔인지 모르는 헛웃음 같은 마른기침이 자꾸만 나오는데 발 밑의 그늘은 어디까지 하얗게 제 영역을 넓혀 가는지 꽃빛 아득한 아침의 불면이 환하다.

나무 아래는 적막했다
감꽃이 떨어지는 소리, 흠칫
등뼈 하나가 내려앉았다

키 낮추어 돌아보았다, 비스듬히

소리와 사람 사이
꽃잎이 품고 있던 어슴푸레한 하늘이
옹크리고 있었다고 해야 하나

불빛이 타고 내려오는 긴 가지가
휘청했어도

여전히 옹크렸다고 해야 하나

아무것도 아니게 기우는
먹감나무의 불임의 잠이었다고 해야 하나
어린 감나무 잎들이 내게 자욱이 기울었어도

내 유년의 봄은 우리 집 앞마당에 누렇게 떨어지는 감꽃과 함께 떠나갔다. 열매도 맺지 못하고 봄내 헛꽃만 피워대던 먹감나무 아래서 까닭 없는 서글픔에 잠기곤 했다. 동구 밖 다리 밑에서 주워왔다는 아이에겐 아무도 쳐다보지 않던 먹감나무가 엄마 같았다. 어느 아침 열매도 맺지 못하고 갑자기 감꽃들이 한꺼번에 떨어지고 나면 광활한 세상에 혼자 남은 것 같아서 몰래 울먹였다. 동네 어른들이 내가 귀여워 괜스레 놀려주는 말인 줄을 훗날 알게 되긴 했지만 그래도 주워온 아이라는 말은 나의 성장기가 지나도록 우울한 나의 인성형성에 커다란 영향을 미쳤다.
울타리 가엔 커다란 앵두나무가 있었다. 할아버지의 할아버지가 심으셨다는 앵두나무는 어찌나 키가 컸던지 가지가 온통 지붕을 덮었다. 앵두꽃이 피면 우리 집 지붕이 밤새 환하게 끙끙 앓는 소리에 나는 한잠도 자지 못했다. 그러던 어느 날 빨간 앵두 알이 주렁주렁 열린 나무에서 내가 떨어지고 할아버지는 앵두나무를 베어버렸다. 다친 다리에선 앵두나무의 수액 같은 누런 진물이 봄내 흘렀다.

  그래, 나의 앵두나무를 찾아 떠나는 거다
  추억이 아픈 상처에서 앵두꽃이 만발한 길목에
  몸뚱이를 기우뚱 세워보는 거다
  추억이 저 노을에 숨을 때까지
  그래서 노을이 외로워질 때까지 넋 놓고 바라봐보는 거다

청량리역 12시발 중앙선 무궁화호 열차에 올랐다. 역무원이 깃발을 들어 가리키는 곳으로 조용히 던져지는 물음, 어제도 오늘도 내일이라는 시간도 대답은 없다. 열차에겐 흐릿한 꿈의 가장자리일 뿐 레일 위에 반짝이

는 어떤 슬픔의 자국이 쓰라려서 지나온 시간으로 덮어주고, 지나가는 시간으로 감싸주고, 자신의 미래가 지나간 길에 더 아프게 닳아서 환해질 때 까지 눅눅한 묵언默言의 여정은 계속되는 것이다.

이어폰을 귀에 꽂는다. 드뷔시의 목신의 오후 전주곡이 나른하게 흘러나온다. 음악은 언제나 나를 무기력하게 만든다. 남한강의 고요한 수면이 아련한 시야 사이로 번져 들어와 점점이 떠있는 섬들을 적시고, 물새들의 무거운 날개를 적시고, 한번 물러나면 그만큼 빠르게 적셔오는 졸음으로 나의 자각은 시험에 들다 아질아질 허물어져간다. 평소 잠을 잘 자지 못하는 나는 음악을 들으면 깊은 잠에 빠지곤 한다. 그렇다고 내가 음악에 대한 문외한은 아니다. 좋은 음반과 맘에 드는 오디오를 찾아 평생을 헤맸다. 내가 듣는 음악은 그 깊이를 알 수 없는 고요 속으로 나를 데려간다. 거긴 발길 닿는 곳은 아니어서 팔딱이는 가슴은 낮은 곳으로 낮은 곳으로 미끄러진다. 옹색한 꿈에 바랜 그늘 같은 것에 고이는 길 끝까지 따라가다가 레코드의 마지막 골에 턴테이블의 바늘이 걸리면 번쩍 깨어 돌아오곤 한다.

기차가 부르르 잠시 요동을 치고 나는 잠에서 깼다. 철길이 양평을 지나 산속으로 접어들고 있다. 여기서부턴 본격적인 산길 달리기가 시작된다. 창 밖 어디를 보아도 길 하나 보이지 않는다. 경기도의 오지에 들어선 것이다. 이어폰을 귀에서 떼어내고 봄 산을 바라본다. 황사가 자욱해서 높지 않은 산봉우리들도 아득히 멀다. 이처럼 황사가 날리는 날이면 바위틈 응달에 홀로 피어있는 한 송이 진달래에도 아롱아롱 온 산이 젖어 내려 눈물의 길인지 모래바람의 길인지 모르는 내 추억의 가장 깊은 골짜기를 발바닥이 두꺼운 한 소녀가 터벅터벅 걸어간다.

그 소녀를 처음 만난 것은 이십여 년 전 이곳의 한 초등학교에 근무하던 때였다. 학생 중에 유난히 눈이 크고 뭔가 불안하게 두리번거리는 아이가 있었다. 부모 없이 버려진 아이를 혼자 사는 노인이 데려다 키운다고 했다. 소녀는 그 노인을 엄마라고 믿고 있었지만 자라면서 주위사람들의 수군거리는 이야기에 자신의 태생에 대한 믿음이 흔들리고 있었던 것이다. 그런 이유로 나 역시 그 아이에게 각별히 대했다. 적어도 한 사건이 일어나기 전까진 그랬다. 소녀가 가엾어 자청해 2년 연속 담임을 하던 어느 해 봄날 아침 소녀는 내게 빨간 앵두가 주렁주렁 달린 커다란 가지를 꺾어왔다. 가지가 어찌나 컸던지 나무 하나를 송두리째 뽑아온 것 같았다. 엄마가 선생님께 갖다 주라 했다고 했다. 그날 오후 아이들이 돌아간 직후까진 그렇게 믿었다. 그러나 이내 한 사내의 억센 손아귀에 움켜잡힌 채 내 앞에 끌려온 그 아이의 파르르 떨던 목덜미가 내가 본 그 소녀의 마지막 모습이었다.

몇몇 산골 아이들이 가져온 봄 열매들을 아이들 앞에서 아무 생각 없이 깨물어 먹었던 일이 그 아이에게 이웃집 어린 앵두나무를 송두리째 꺾어오게 했던 것이다. 그때 아이를 떨게 했던 것은 앵두나무 주인의 무서운 손아귀가 아니었다. 화가 난 그가 불쑥 내뱉은 '주워온 아이'라는 말 한마디였다. 그 사건 이후 아이는 학교에 나오지 않았다. 그날로 아이는 집을 나간 것이다. 열차로 읍내 장에 갔다 오는 사람들이 구둔역에서 아이를 보았다거나, 양평 읍내에서 보았다는 풍문이 있었을 뿐 이듬해 부천으로 학교를 옮기기 전까지 아이를 찾지 못했다.

구둔역은 내 추억의 가장 깊숙한 곳 중 하나다. 커다란 눈이 슬픈 그 아이를 찾아 그해 늦봄부터 겨울까지 주말이면 중앙선 기차를 타고 구둔 역에서 내려 서성였다. 그때 듣는 모든 음악은 아까시아꽃 그늘진 철길을 적셨다. 그 길로 소녀를 향해 띄워 보낸 수취인 불명의 편지가 그리움에 함빡 젖어 돌아온 어느 날 아침 아까시아 꽃도 한꺼번에 떠나갔다. 꽃이 떠난 자리엔 푸르름이 조금씩 자라 밤이면 귀 밑에서 싱싱하게 철썩였다.

그 아랜 남한강의 은빛 모래밭이 펼쳐지곤 했다. 모래 위를 다녀가는 달과 별들의 푸른빛을 타고 그녀의 맑은 눈빛에 이르고자 했으나 조약돌만 만지작거리며 이리저리 구르다 잔물결로만 머물고 아이는 언제나 수평선보다 멀리 달아나 있었다. 나는 조바심을 한 높이씩 쌓아가며 수평선 위로 오르길 원했으나 내가 나아가야 할 방향은 수많은 물거품과 부러진 햇빛들이 한데 엉키고 뒤섞여 커다란 물결을 이루어 가로막고 있었다. 감기에 걸린 아이처럼 나는 칭얼거리며 굽이쳐 돌아가는 물 언덕을 바라보아야만 했다.

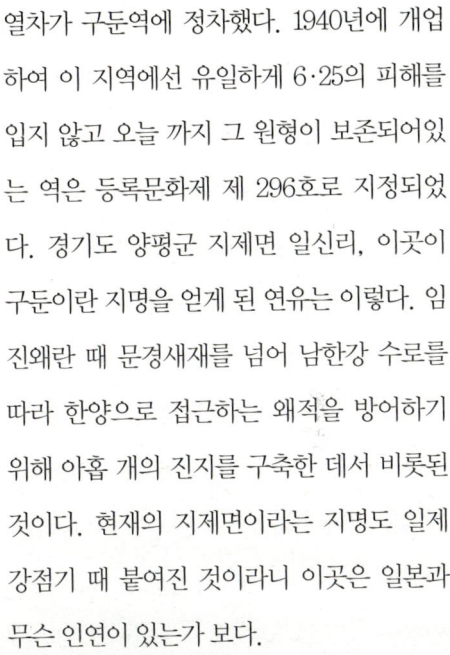

열차가 구둔역에 정차했다. 1940년에 개업하여 이 지역에선 유일하게 6·25의 피해를 입지 않고 오늘 까지 그 원형이 보존되어있는 역은 등록문화제 제 296호로 지정되었다. 경기도 양평군 지제면 일신리, 이곳이 구둔이란 지명을 얻게 된 연유는 이렇다. 임진왜란 때 문경새재를 넘어 남한강 수로를 따라 한양으로 접근하는 왜적을 방어하기 위해 아홉 개의 진지를 구축한 데서 비롯된 것이다. 현재의 지제면이라는 지명도 일제강점기 때 붙여진 것이라니 이곳은 일본과 무슨 인연이 있는가 보다.

그때 아이를 찾아 이 역에서 내려 마을 쪽으로 조금 가면 어느 농가 울타리 밖으로 커다란 앵두나무 가지가 벋어있었다. 나는 나무 아래서 누군가를 만나고 떠나보내는 일에 대하여 깊은 생각에 잠기곤 했다. 앵두나무가 제 단단한 속만큼이나 견고하게 내 생각을 뒷받침 해주는 듯 연약한 잎들을 내밀어 뺨을 어루만져주면 내 눈 안은 눈물 고이듯 작고 단단한 열매들로 그렁거렸다.

이따금 완행열차가 지나가며 울리는 기적은 참으로 서글펐다. 기적 소리 안엔 내가 들어야 할 말들과 해야 할 말들이 있는 것 같았다. 그것들이 어느 것이 먼저이고 다음인지 하나하나 헤아려볼 양이었지만 그것이 구체적으로 무엇을 의미하는지 알 수 없다는 듯 나무에 앉아 울어대는 작은 새의 울음에 나의 목젖은 시큰하도록 젖었다.
어쩌다 바람이라도 어깨를 툭 치고 지나가면 잎사귀들은 깜짝 놀라 뺨에 드리우고 있던 나직한 생각들을 황급히 데려갔다. 새는 날아가고 허공엔 새의 쓸쓸한 울음이 떠있었다. 한 모금씩 뱉어내는 일그러진 담배연기 속에 으스스 달은 떴어도, 머리 끝 환하도록 바라보아도, 그 아이 두리번거리던 커다란 눈동자 그대로의 그리움으로 촉촉하게 젖은 서툰 보름달이었다.
인적이 끊긴 역사驛舍엔 어스름이 어린 나무들 아래서 옹기종기 놀다 돌아간 후 사방의 고요가 다른 고요들을 불러와 몸을 포개어 석박을 쌓는다. 스르르 내 손바닥 안으로 흐르는 가로등 불빛을 한 움큼 주머니 속에 움켜쥐고 빈 승강장을 걷는다. 어린 잎사귀들은 내가 빛 한 움큼 숨기는 시간만큼 나의 그늘에서 지쳐 흐느적거리다가도 몇 발자국을, 다만 몇 발자국을 떼었을 뿐인데 낮에 보았던 일들을 이야기 하는지 서로 이마를 맞대고 수군거리다 몸을 비벼대며 가벼운 농담을 주고받는 듯 상큼한 속살을 비쳐 보인다. 후끈 달아오르는 한쪽 뺨을 어루만지는 손바닥부터 나의 몸뚱이는 어두워져간다.

해가 진 서쪽 하늘에
왜가리 간다

어둠을 삼키며 나는 새

꺼억꺼억-
초승달을 토해내고
울음을 앞세워 간다.
새의 목청 안에 울창한 달빛 가지

울음의 마디가 하나 더 자라
허공중을 걸어 둘
뼈의 속이 비었을 뿐인데
새는 어디까지 가는지

가야 하는지

누구네 가계의 쓸쓸한 내력을
저 허공에 써서 걸어야
뼛속이 꽉 차서 새는

날개를 접을 것인지

갓 피어난 감꽃이
맑은 눈을 씀벅이는 저녁

눈물 아롱아롱 마을의 불빛들이 머리카락 위로 송송 앵두처럼 맺힌다. 몸뚱이는 앵두나무가 된다. 몸속에 흐르는 붉은 피는 부질없는 서글픔으로 불쑥불쑥 앵두 알들을 내밀고 다시금 그때의 앵두를 기억하는 일이 하도 서러워 몸뚱이는 멀리 마을의 불빛 속으로 번져 들어간다.

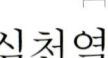

심천역

경부선의 유일한
근대 문화유산 바람의 역

올봄은 게릴라처럼 왔다가 그렇게 가는가보다. 꽃들은 기습적으로 피고 진다. 폭발하듯 한꺼번에 꽃잎들이 터지는 하늘엔 화약 냄새 나는 흙바람이 날린다. 차창 밖에 보이는 산들은 여기저기 파란 멍이 들었고 아직 군데군데 하얀 상처처럼 산벚꽃이 남아있다. 봄은 왜 그렇게 폭력적인가. 봄은 어디까지 제 과거가 비참해야 찬란하게 가는 것인가. 사람들은 봄을 견디기 위해 오늘도 집 밖으로 나서고 봄의 잔당은 우리의 추억을 급습한다.

이번 여행지는 경부선 심천역이다. 반도의 산야는 어디를 둘러보아도 복숭아꽃 배꽃 천지다. 기찻길이 돌아가는 산기슭마다 목청이 붉은 멧새의 울음 같은 핏빛 복숭아꽃그늘이 흘러내려 지나가는 열차의 그림자를 빨갛게 물들이는 것이 일종의 신비한 공포감마저 들게 한다. 철길이 건너뛰는 시냇가에도 꽃잎들은 피고 져서 기차가 멀리 기적을 울리고 사라지면 햇빛 속에 숨은 한 생명이 머리카락 사이에서 자라는 소리가 들린다. 넓은 들판에 고속 열차가 소리 없이 미끄러지면 우울한 구름이 가득 찬 하늘도 투명한 꽃잎들은 펑펑 뿌린다. 토요일 오후 심천의 하늘 아래는 한길 꽃길이어서 누가 묻지 않아도 길은 한곳으로 흐른다.

역에 가까이 이르자 기찻길 건너 산골짜기로 오르는 오솔길이 한가롭다. 이름 없는 봄풀들이 비릿한 내음으로 낯선 여행객의 발걸음을 안내하는 곳에 배나무 한 그루가 창백하게 서 있다. 옛집 울타리엔 배나무가 몇 주 있었는데 배꽃이 피면 까닭 없이 오슬오슬 한기가 들고 자주 마른기침을 했다. 그런 날은 어김없이 핏덩이 같은 달이 떠오르고 창문에 드리우는 배꽃의 그림자가 너무 밝아 잠을 이룰 수가 없었다. 그러면 뒤뜰의 커다란 살구나무에 소쩍새가 날아와 밤새 울고 나의 창백한 잠은 미래의 내 병력을 토설하며 솜털처럼 부드러운 새의 울음 속으로 하나 둘 셋 넷 쓰러져갔다.

아침에 눈을 뜨면 서쪽 추녀 끝엔 배꽃보다 창백해진 달이 뒤돌아보듯 조금씩 멀어져가고 낮은 지붕 위에 흩어졌던 어제의 배나무 그림자 같은 어머니의 서늘한 손바닥이 내 아랫배를 쓸어내리고 있었다. 이제는 멀리 흘러왔어도 등 뒤로 떨어지는 배꽃 소리에 쇠잔한 기억을 씻어줄 슴슴한 눈물은 마르지 않은 것인지 배나무 아래서 자꾸만 가려운 눈은 질금질금 끔벅거린다.

오솔길을 벗어나 조금 들어가니 심천 면내 시가지가 나타난다. 몇 번의 골목길이 구부러지고 나서야 저만큼 광장이 보이고 그 끝에 중세 유럽의 성처럼 심천역이 깃발을 높이 나부끼며 우뚝 서 있다. 역사의 건물은 목조 단층이지만 경부선에선 유일하게 근대 문화유산으로 지정되었다는 자부심 하나로 저렇게 높이 깃대를 올리고 있는 간이역은 바람의 역인 듯 세 개의 깃발이 찢어질 듯 요란하게 펄럭인다. 그 위에 깃봉은 생각했던 것보다 더 웅변적으로 폐성의 왕자처럼 텅 빈 역 광장을 내려다보며 가혹한 명상에 잠기고 바람은 심천의 깊은 곳을 향해 내달린다. 사람들에게 잊혀진 옛 영화는 저 깃봉의 깊은 명상 속으로 가라앉아 떠오르지 않는데 나는 무엇을 보려고 여기 왔는가. 잠시 내가 낯설고 조금 더 낯선 얼굴로 역 앞에 나는 섰다. 폐허로 충만된 무채색의 세계에서 사색의 넓은 공간이 보일 때까지 깨달음보다는 관대한 자세로 역은 다시 저만큼 떨어져 있다.

역전 광장은 한낮인데도 왠지 어둡다. 보이는 사람도 없고 개 한 마리 지나가지 않는다. 손님 끊긴 다방과 호프집의 간판들만이 나이 든 여급의 완고한 입술처럼 아직은 붉다. 하지만 가까이서 보면 여기저기 잔금들이 가 있거나 칠이 벗겨져 있다. 호프집과 다방의 예쁜 그녀들은 언제 붉은 루주를 포기했을까. 매혹적인 그 입술들은 지금 어느 도시의 컴컴한 룸에서 오래된 화석이 되어 벽에 걸려있는 것일까. 밤이면 발간 불빛이 새 나왔을, 지금은 굳게 닫힌 창문을 향해 반쯤은 연민으로 반쯤은 궁금증으로 덧칠해진 내 까만 그림자가 뛰어든다. 화냥기 같았던 내 젊은 날의 사랑은 사실은 금욕에 대한 갈증이었을까. 다시 몸뚱이는 그림자로 흘러 들어가고 그림자와 몸뚱이의 경계가 허물어진 곳엔 권태의 상처가 이렇게 분명하니 낡은 간판을 바라보고 있는 것도 마음 아픈 일이다.

기차역이라면 반드시 하나씩은 있었던 만물가게다. 그 시절 사람들의 발길로 가장 북적거렸고 부의 대명사로 불렸던 역전상회가 눈에 들어온다. 뿌연 유리창 안엔 갖가지 물건들이 쌓여있으나 사러 오는 사람은 보이지 않고 적막만이 드나든다. 가게의 간판도 유리창도 물건들도 그리고 가게 주인도 모두 빛바랜 풍경 속에 갇혀있다. 팔리기를 기다리다 낡아버린 물건들과 팔기를 애걸하다 늙어버린 가게 주인은 고요하다. 하루가 지나가는 동안은 또 고요할 것이고 고요한 아침이 저녁이 그렇게 지나갈 것이다. 그러다가 문득 그 옛날의 기억마저 바싹 말라버리면 먼지 낀 그의 손가락이 맨 먼저 만져보는 것은 그의 웅크린 손마디 안에 평생 갇혀있었을 욕망일 것이다. 이제는 그 욕망이 누구의 것도 아니라는 것을 확인하기 위해 느릿느릿 손가락을 펴는 일만이 남아있을 뿐이라는 것을 알기라도 하는 듯 잡화 물건을 가득 실은 트럭이 광장에 들어선다. 이동식 수퍼마켓이다. 조용하던 광장에 사람들이 하나 둘씩 모여들다 사라진다. 다시 트럭은 떠나고 역전상회의 휑한 유리창은 거대한 시간을 천천히 삼키기 시작한다.

역전상회 옆 골목으로 돌아가는 모퉁이에 빨간 우체통이 서 있다. 인터넷이 우리 생활 곳곳에 보급된 오늘 날 우체국은 소식을 전달하는 기능은 거의 상실하고 물건을 배달하는 일이나 금융 업무를 주로 담당한다.

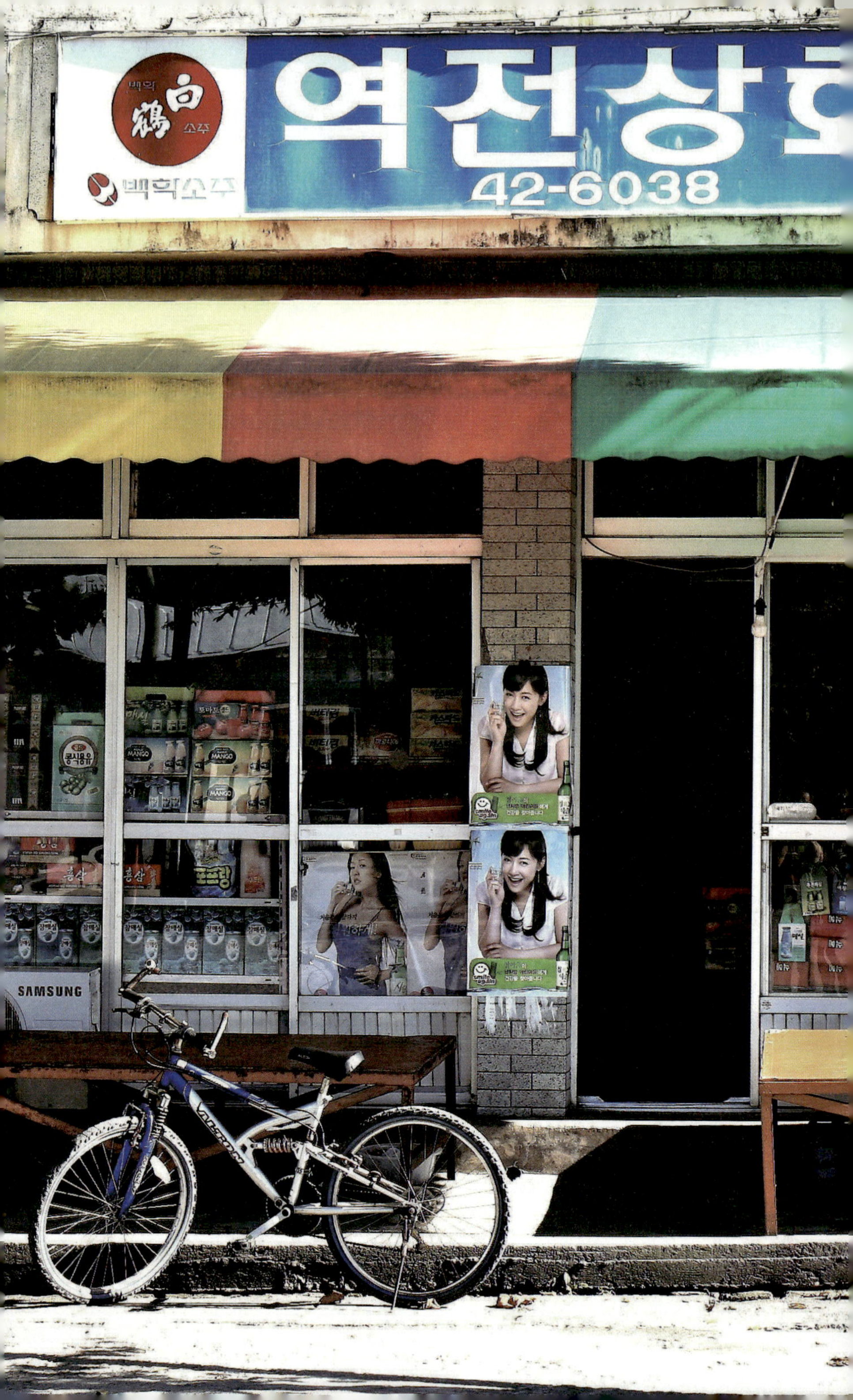

백학
白鶴
소주
백학소주
역전상
42-6038
SAMSUNG

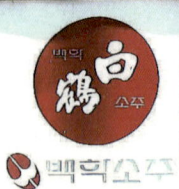

따라서 기차역이나 사람들이 많이 모이는 공공장소에 아직 서 있는 우체통은 편지를 수거하는 일보다는 그와 관련된 과거의 기억이나 추억으로 가는 입구 역할을 한다.

사람이 떠나버린 간이역 모퉁이를 흐르는 시간에 귀퉁이가 깎이어서 둥글게 닳은 아픔 속에 저 빨간 우체통이 간직하고 있는 것은 무엇일까. 우리네 누나 고모 이모들이 일찍부터 아무렇게나 배워버린 체념일까. 우리의 형 삼촌들이 무릎 시리게 빠져 들어간 그리움의 깊이일까. 할아버지 할머니의 이마에 번지는 저녁의 환함 같은 것은 아닐까. 달리 떠오르는 것이 없이 한참이나 우체통을 바라보고 서 있는 일이 문득 새삼스러워 한발 물러나니 우체통이나 나나 이 세상에 버려졌다는 생각에 처음으로 망막한 봄 들판이 가슴속에 펼쳐진다.

역전상회 건너편 회색건물에 '초강약국'이라 쓰인 간판이 붙어있다. 평소 허약체질이라 약방과 병원을 제집 드나들 듯해서 건강 음료나 한 병 사 마실까 하고 출입문을 밀어보니 열리지 않는다. 잠겨있다. 유리창을 통해 안을 들여다본다. 오래된 것 같은 약상자들과 약병들이 보이는 것이 영업을 그만둔 것인지 아닌지 알 길이 없다. 초등학교 시절 학교 앞에 약국이 하나 있었다. 밖에서 보면 허술했지만 문을 열고 들어서면 커다란 주사기들이 눈에 먼저 들어와 왈칵 겁부터 나는 그런 곳이었다. 말이 별로 없는 약국 주인은 일본 사람 같이 생겼는데 걷는 모양도 그래서 코를 찌르는 알싸한 소독약 냄새와 함께 이국의 신비함 같은 것이 엄습했다. 어머니가 병약해서 나는 자주 약국을 드나들었으나 언제나 낯설고 무서웠다. 약국 안의 물건이나 주인과 나 사이에는 아무런 일이 일어나지 않았는데 왜 나는 무서웠을까. 아무런 일이 없다는 것, 침묵의 배경은 공포다. 아무런 일이 없이 침묵과 대면하고 있을 때 사람은 침묵의 자연적인 힘에 압도되는 것이어서 사람의 정신은 황폐화 되고 만다. 지금 보이는 것들은 내 유년시절의 유적이다. 유리창에 비치는 내 얼굴이 그 유적들 위로 동그랗게 떠오를 때 까지 어두운 유리창 안을 들여다본다.

역사 옆엔 커다란 창고들이 있다. 지붕과 벽이 잘게 주름진 함석인 것으로 보아 일제 강점기나 육칠십 년대에 지어진 것이 분명하다. 이 작은 시골 역에 저렇게 커다란 창고들이 왜 필요했을 까. 그것은 이곳이 옛날에 물류의 중심지였음을 말해준다. 조그만 학교 운동장보다 넓은 역의 광장도 그 사실을 뒷받침해준다. 물류의 중심지로서의 기능이 다한 지금 저 창고들과 텅 빈 광장은 무엇을 말하는 것일까. 창고는 그날의 번영과 영화를 내부에 기록한 채 말이 없고 창고의 크기는 조그만 간이역과 허술한 거리에 대하여 위압적이다. 창고 밖의 것들은 미래로 향해 열려 있어서 언제라도 창고가 간직하고 있는 과거의 질서가 무너지면 미래는 저절로 소멸되기 때문이다. 텅 빈 역의 광장에서 나의 발목을 붙잡아 매는 것은 무엇일까. 창고 속이 궁금하다거나 광장의 크기가 의아하다는 것 이외에 세월 속으로 깊어지는 발걸음이 아무래도 아득한 제자리인 것 같아 몸뚱이는 전봇대처럼 서서 윙윙 울고 있다.

광장으로 버스가 들어온다. 운전기사 말고는 내리는 사람은 아무도 없다. 타는 사람도 없이 몇 분간 서 있더니 어디론가 다시 출발한다. 어린 시절 버스는 경의의 대상이었다. 마을 앞으로 놓인 신작로에 버스가 나타나면 기다렸다는 듯이 동네 꼬마들이 뛰어나와 버스를 따라 달렸다. 어떤 아이는 버스 후면 가이드를 붙잡고 달리기도 했는데 기사가 차를 멈추고 쫓아오는 것이 매일 일어나는 일상이었다.

그러던 어느 날 신작로에 볏짚 거적이 깔려있었고 버스는 종일 그 옆에 서 있었다. 그날 이후 동네 주막집의 막내딸, 눈이 유난히도 큰 그 아이가 보이지 않았다. 버스를 따라 달리는 아이들도 없었다. 천천히 움직이기 시작하는 버스를 붙잡고 달려본다. 손바닥 안에서 텅텅 빈 버스의 가벼움이 덜컹거린다. 덜컹거리다 점점 무거워지는 손바닥 깊이 무릎과 팔꿈치에서 피 흘리는 아이들의 울음소리가 들리기 시작하고 울음소리를 따라 간 곳엔 주막집 아이의 흰 눈동자 같은 낮달이 나무에 걸려있다. 이제 버스는 더 이상 경의의 대상도 공포의 대상도 아닌 보편적인 소음의 대상일 뿐이다. 지금 내가 버스를 따라 유년의 기억 속으로 달려가는 것은 기계의 하찮은 소음으로부터도 고립될지도 모른다는 절박한 마음 때문만은 아니었을까.

몇 걸음을 뛰었을 뿐인데 심장이 덜커덕거린다. 대합실 문을 열고 들어가 나무 의자에 앉는다. 대합실 안은 깨끗하게 정돈되어 있고 핑크색으로 칠해진 의자들이 아담한 살림방에 들어 온 기분이 들게 한다. 요즘 전국의 간이역 어디를 가 보아도 대합실들이 깨끗하고 단정하다. 승객이 줄어든 기차역 대합실의 기능은 전시의 공간으로 바뀐 것 같다. 할머니 한 분이 우두커니 대합실 밖을 내다본다. 역이 처음 생기고 전성기를 지나

쇠락의 길을 함께 해온 노인의 눈에 비치는 창밖의 풍경은 어떤 것일까. 그녀가 세상에 태어나서 택한 수많은 길들 중 하나가 저 창밖까지 따라 왔을 것이다. 때로는 그 길에 눕기도 하고 잠기기도 하면서 함께 섞여왔 을 것이다. 그녀를 따라 피었을 복숭아꽃이나 배꽃 같은 것들이 그녀를 둘러 싸고 거기 피고 있을 것이다. 노인의 눈 속에 안개가 감돈다. 감고 도는 것이 있다. 그것을 내가 물끄러미 쳐다보는 동안은 아기 솜털 같은 복숭아가 이미 열렸거나 벌써 돌배가 단단해진 이후의 일이므로 대합실 안 가득 분홍 꽃이 피었다 해도 또다시 쳐다볼 일이 있겠는가. 카메라를 들어 그녀의 눈빛 가는 곳을 향해 셔터를 눌러도 찍히는 것은 없고 내 빈 눈동자만 봄빛에 감광된다.

매표구는 한가하다. 표를 사는 사람이 없으니 아예 거기 앉아있는 역무원도 없다. 크게 소리쳐야 역무실 안에서 사람이 나온다. 역사 안쪽의 몇 곳을 카메라에 담고 싶어 매표구 유리창을 통해 역무실 안쪽에 있는 직원에게 이야기하려고 몇 차례 시도했지만 눈길이 마주쳐지지 않는다. 큰 소리로 부르고 싶었으나 이러저러한 사정을 이야기한다는 것이 내키지 않아 그만두고 대합실 안 여기저기를 찬찬히 둘러본다. 어차피 오늘은 기차를 타지 않았으니 역 밖의 풍경을 탐해볼 생각이다.

대합실에서 그래도 눈길이 먼저 가는 곳은 매표구다. 그것은 사람들이 세상으로 나가는 표를 사는 곳이다. 매표구 앞에 가만히 줄을 서본다. 창밖에는 봄빛이 흐르고 창안엔 그리운 기억들이 흐르는데 나는 어디에 줄을 서서 흘러가야 하는지 견고하게 서지 못한다. 열차가 지나간다. 열차는 조용히 나를 따라왔고 그것을 알아차리지 못한 나는 여전히 외톨이다. 또 한 대의 열차가 조용히 나의 외로움 속을 통과한다.

심천역에는 하루 일곱 차례 열차가 선다. 상행선 세 차례, 하행선이 네 차례 정차한다. 종착역은 부산과 동대구가 각각 두 번씩이다. 시간표를 쳐다본다. 몇 줄의 숫자를 제외하고는 시간표 안은 텅텅 비었다. 그 옛날 빼곡하게 시간표 안을 채웠던 것들은 모두 어디 갔는가. 빈 것은 시간표만이 아니다. 빈 곳을 물끄러미 쳐다보다가 내 두 눈이 텅 비어버렸다. 잠시 허공을 더듬는 일이 별로 덧없는 일은 아니겠으나 대낮에 자꾸 빈 것을 읽는 까마득한 헛눈질이 별 일이라도 있는 것처럼, 견딜 수 없는 비애라도 거기 있는 것처럼 쳐다보고 또 쳐다보아도 빈 곳은 빈 것이다.

무엇이라도 뒤적여 거길 채워야겠다는 심산으로 발자국 밑도 더듬어보고 바깥 풍경에 시달린 창문 앞을 기웃거린다. 언젠가 군산항에 갔을 때 내 목구멍으로 흘러가버린 폐선의 고동이 몸속을 서럽게 떠돌다 다시 넘어와서는 텅 빈 시간표를 채우고 있는 것은 아닌지 어룽어룽한 눈 속에서 물소리가 들린다.

역의 플랫폼 건너엔 반달 모양의 들판이 펼쳐져 있고 그 너머엔 금강이 휘돌아 흐른다. 아스라이 물러선 강줄기의 끝엔 새로 놓인 고속 전철 다리가 이국풍으로 솟아있다. 물굽이가 느린 강의 바깥쪽엔 오월의 눈빛에 젖은 물먹은 모래둔덕이 점점이 떠다닌다. 그 위에 늘어진 물버드나무 가지들은 오후의 햇살에 휙휙 매 맞는 듯 흐느적거리고 그 아래 물살은 두리번두리번 달아난다. 여울목마다 연두 빛으로 넘쳐버린 하늘 한 귀퉁이가 소용돌이쳐 떠내려가고 여울을 거스르는 초록에 허둥거리는 물그림자가 슬쩍 미끄러지는 곳엔 물새가 기우뚱 날아오른다. 어제의 성급한 강물을 황급히 뻗어 내려와 가로막는 오늘의 산맥은 군데군데 멍이 들었고 서로의 상처가 깊은 만큼 깊게 내려가는 강바닥은 깜짝 시퍼렇게 떠올라서 산마루까지 떠올라서는 능선에 걸려 쓸쓸한 듯 진초록까지 번지다 고속 열차에 끌려 산맥과 산맥 사이를 머뭇머뭇 건너간다.

고속전차는 불현듯 소리 없이 나타나 건너편 터널 속으로 숨는다. 카메라를 겨눌 틈도 없이 재빠르게 시야를 벗어나는 겁먹은 새처럼 몸짓만 남기고 사라진다. 빠르다. 고속열차를 타보기는 했으나 빠른 속도를 체감하기엔 내 감각은 너무 낡고 무뎠다. 오히려 그 놀라운 속도는 기차에서 내리고서야 서울에서 부산까지 소요되 는 시간, 백이십 분이라는 산술적 결과에 의해 서서히 감각되어졌다. 차 안에 앉아 있으면 차의 속도는 이미 몸속으로 흘러버 렸으므로 내가 느끼는 속도는 제로다. 절 대적인 속도는 우리 몸의 감각을 정복해야 만 실제로 존재한다. 사람은 자신의 감각 을 보호하기 위해 망각과 협의한다. 망각보 다 우월한 감각은 없다. 망각은 모든 감각 을 관통하고 지배한다. 망각은 감각의 끝인 것이다. 달리는 차 안에선 방금 전의 위치 를 잊어버리는 그 찰나 속도의 중심에 있는 것이다. 차 밖으로 나올 때야 비로소 속도 의 주체에서 벗어난 객체로서 진리의 통합 이 가능하다. 반대편 철길 멀리 무궁화호 열차가 모습을 드러낸다. 열차는 참을 수 없이 느리게 가까워온다. 오, 속 터지게 그 리운 저 게으른 탐미주의자는 흐릿한 렌즈 의 초점 밖으로도 벗어나지를 못한다.

심천역 · 91

심천에서 구탄까지 강을 따라 이어지는 철길은 자동차 길과 한참을 함께 나란히 간다. 기찻길은 자동차 길에게 수월성을 양보하고 자동차 길은 기찻길에 안전과 정확성을 보증한다. 육중한 열차가 달리는 철길 아래 자동차들이 어미 개를 따라가는 강아지들처럼 옹기종기 따라간다. 때로는 열차의 눅눅한 그림자였다가, 그림자 열리는 정오의 희미한 꿈이었다가, 서로의 거리에서 거리로 빨려들어 하나가 되었다가, 영 낯선 채 불쑥 앞으로 나가서는 철부지 같은 어리석음으로 내달린다. 기차는 아픔뿐인 발 구름으로 늘 제자리다. 엉망으로 꼬이는 봄빛 속을 더듬어 가다 제 축축한 그늘을 뒤집어쓴 자동차들이 의지하는 허전한 등이 그리워 꽥꽥 소리 질러 운다. 기차도 자동차도 달려서 하나인데 제각각 동서남북으로 흩어지는 사람의 발자국 안에서 오늘도 내 날카로운 발톱은 자란다.

무궁화호 열차가 지나간 철길 건너 무채색의 가옥들을 감싸고 길이 구부러지는 곳, 검은 감나무 아래서 문득 충격이 나를 엄습한다. 소리도 없이 새마을호 열차가 맹렬한 속도로 달려온다. 기관차의 유리창에 움찔 반사되는 내 눈동자가 하얗다. 저 현대식 열차는 가여운 간이역들을 지나쳐 왔을 것이다. 완행열차는 길을 비켜주기 위해 간이역 귀퉁이에서 기다렸을 것이고, 서둘 것이 없는 시간이 한없이 외로웠을 것이다. 외로움보다는 먼 길에게로 사람들은 가까워지고 싶어, 혹은 턱없이 멀어지고 싶어서 무릎과 무릎을 맞대고 서로 질렸을 것이다. 기다려 본 적 없이 유유히 시간에 밀리는 사람들의 눈들이 어느덧 하얗다. 마주치는 내 눈동자가 다시 하얗고 언뜻언뜻 지나치는 숨결이 안개처럼 피어오른다. 주름 깊어진 얼굴들이 뿌옇게 유리창에 서리고 나는 그들의 지친 숨소리를 듣는다. 이제 몸속의 뼈들은 헝클어졌다. 빤히 보이는 유리창은 들어 올려야 보인다. 부질없는 여행은 끝이 시작인데 새마을호 열차는 뒤돌아보며 달아나는지, 쫓아오는지 무의식의 일생이 흘리는 시간의 자국 위에서 발목만 깡말라간다.

청소역

시간의 순수한 황무지로의 여행

용산역을 출발한 장항 행 무궁화호 열차는 천안을 돌아 곡선으로 이어지는 장항선으로 들어선다. 오늘도 카메라 한 대를 걸쳐 메고 목적지도 없이 고독한 바람의 길을 달리는 여행에 나선 이유는 무엇인가. 덜컹거리는 열차에 앉아 다시는 이 냄새나고 느린 열차에 오르지 않으리라, 이 막막하고 지루한 여행을 끝내리라 매번 다짐했지만 다짐은 오늘도 지켜지지 못했다. 철로는 내 발목을 얽매고 있는 흘러간 것들에 대한 그리움의 쇠사슬이다. 얼마나 더 여행을 해야 이 쇠사슬이 녹슬고 닳아 까닭모를 그리움으로부터 해방될 것인지 폐역이 된 신창역의 낡은 레일이 내 무질서한 호기심 안으로 흘러들어온다.

청소역 · 99

여러 가지 이동 수단 가운데서도 기차는 왠지 정답다. 기차는 근대 교통수단 중 가장 먼저 우리나라에 들어왔음에도 현재까지 그 원형이 보존되고 있다. 할아버지도 아버지도 지금 내가 달리고 있는 철로 위를 지나갔다. 열차는 놓인 철로 위를 달릴 뿐 스스로 방향을 바꾸지 않는다. 자신의 의지와는 상관없이 선고받은 일생을 묵묵히 걸어가는 우리의 어머니와 닮았다. 누구나 최초로 의존하는 대상은 어머니다. 기차가 정답게 느껴지는 것은 우리는 열차와 어머니라는 정서적 기반으로부터 점차 성장하면서 세상과 호흡하고 세상 속으로 나아가는 것이기 때문이다.

기차가 학성역을 지난다. 이 역도 폐역이다. 사람들이 떠나간 역사에서 흘러나온 그림자만이 텅 빈 승강장을 길게 덮고 있다. 저 그림자는 폐역의 형식의 배경이다. 열차가 그림자 속을 뚫고 나갈 때 나의 육신은 폐역의 형식을 끊임없이 지향하며 흘러간 시간에 나를 비춰본다. 기차의 기계적 호흡과 내 자신의 호흡이 일치하는 순간 몸과 정신에 깃든 모든 것에서 나와 자아의 이원성으로부터 탈피해 폐역에 고여 있는 시간의 순수한 황무지를 통과하며 나의 영혼은 하나의 통일된 정신세계로 진입하는 신성한 에너지로 충만되는 황홀감에 젖어든다.

학성역을 지나자 열차는 완만한 언덕길을 오른다. 완행열차의 디젤기관의 호흡은 이내 거칠어진다. 경춘선이 그렇듯 장항선도 머지않아 이설된다. 생의 마지막을 향해 천천히 이승의 벼랑을 오르는 듯 열차는 흔들리며 굴곡이 심한 언덕길을 힘겹게 오르다가 아스라이 멀어지는 과거와 화해하는 듯 이따금 열차의 뒷부분이 덜컹거린다.

산기슭의 새로 생긴 무덤 위에서 진달래꽃 몇 송이가 바람에 흔들린다. 진달래꽃들은 누군가의 추억의 모서리들이 산산이 깨어져 허공중에 흩뿌려진 것이라 생각하며 시집을 꺼내 읽는다. 한 구절을 웅얼거리며 다시 진달래꽃을 쳐다본다. 아무리 생각해도 이처럼 외진 곳에 남몰래 핀다는 것은 슬픈 일이다. 무덤 속에 누운 사람이 검은 하늘을 눈 안에 담는 동안 몇 번의 차가운 달은 뜨고 졌을 것이고 꽃잎은 추운 입술을 오므렸을 것이다. 그렇게 금이 간 추억을 또다시 잉태하는 봄은 다시 찾아온 것이다.

이후로 이어지는 철길은 구불구불 곡선이다. 철로가 일직선으로 놓인 지방을 여행하다 보면 우리의 의식도 정밀하게 정리되어 현대의 혼란성으로 특징 지워진 모든 문화체계가 한꺼번에 흔들리며 새롭게 도식화되고 이상화된 문화체계를 경험하게 된다. 그러나 곡선으로 이루어진 장항선에선 낯선 풍경들이 예고 없이 다가와 우리의 욕구에 의해 다양하고 새로운 문화로 형성된다. 이는 우리로 하여금 늘 새로운 감정의 상태로 이입하게 하는 창조적 힘을 부여한다.

아침이 조금 지나서야 기차가 청소역에 선다. 청소역은 장항선에서 원형이 지금까지 보존되고 있는 유일한 역으로 지난 2006년 문화재청에 의해 등록문화재로 지정되었다. 문득 열차에서 내리고 싶다. 지금까지 간이역 여행만 몇 년째다. 어떤 역은 십여 차례가 넘게 다녀 온 역도 있다. 청소역도 그중 하나다. 이처럼 오래된 간이역이 발걸음을 잡는 것은 무엇 때문일까. 허름한 간이역은 내게 있어 현실적 부적응이나 삶의 고통으로부터의 도피처다. 좀처럼 열차는 오지 않고 지나가는 버스도 거의 없는 외진 간이역에 서 있으면 그리움을 조정하여 나를 감싸는 외로움의 껍질을 뚫고 나에게서 빠져나오는 진정한 나 자신을 만날 수 있기 때문이다.

열차에서 내려 승강장에 홀로 서서 잠시 생각에 잠긴다. 상행선 완행열차 한 대가 서더니 허리가 굽은 할머니 한 분이 내려 승강장을 걸어 나간다. 두 다리가 팔자로 휘어져 보폭의 길이는 줄었으나 그녀의 걸음은 활발하고 편안하다. 늙은 여인의 걸음걸이는 내일의 희망이나 문명에 의해 구속되거나 재단되지 않고 자유롭다. 내일을 믿는 자에게 오늘의 걸음은 지금까지 자신이 이루어 놓은 꿈의 한계를 벗어나지 못하고 규격화되어 발바닥에 난 상처를 딛고 가는 행보다.

화물열차가 통과하며 위험스런 기적을 울린다. 흠칫 놀라며 한발 물러선다. 방금 전 나의 생각 속에 떠돌고 있었던 것은 무엇이었을까. 내가 살아온 길은 예측할 수 없는 것들과 나의 서툰 인간관계로 이루어진 난해한 인생길이었다. 나는 지금 곡선의 철로 위에 불가해한 옛 기억을 펼쳐 놓고 완행열차의 완고한 느림의 미학으로 재편성하고 있는 것이다.

청소역은 담장이나 울타리가 없이 사방이 개방되어 있다. 사람도 자유롭게 드나들고 바람도 무시로 드나든다. 멀리 봄 황사 속에 아련한 오서산이 역의 한 풍경을 이룬다. 여기로 찾아드는 것들은 제각기 내면에 저만의 담장을 하나씩 갖고 있어서 자신의 세계와 밖의 세계의 경계를 적절히 구별한다. 모든 사물은 타율적인 경계가 지어지시 않을 때 자신이 주체가 되어 대상과의 거리를 스스로 조절하고 통제함으로써 자신의 자리를 확보한다. 대상과의 거리가 너무 가깝거나 멀 때 서로 끌어당기거나 밀어내는 은밀한 소리를 듣는 귀가 있다. 앉은뱅이 측백나무 위로 불어오는 살랑바람을 이들이 흐느끼는 소리로 듣고 녹슨 레일 사이에 수줍게 피어난 풀꽃들의 씨방 안에 별이 내려와 앉았다 가는 자신만의 환한 밤을 가슴속에 간직한다.

조그마한 대합실엔 몇 사람의 노인들이 앉아 있다. 요즈음 기차를 기다리는 사람들은 대부분 노인들이다. 그들은 속도를 키웠으나 속도에 의해 속도 밖으로 밀려났다. 그들은 아무것도 돌아오지 않는 외진 역에 앉아 추억의 습곡을 헐어 자신의 기억 속에 새로운 길을 내고 스스로 현실에서 환상으로 가는 이정표가 되어 자신의 내면으로 향하는 행로를 덤덤하게 고집한다.

역의 건너편 인가의 텃밭에 등이 굽은 할머니가 밤비에 젖은 땅을 고르고 씨앗을 뿌린다. 텃밭은 토지대장에 정식으로 밭이라는 이름으로 올려져있거나 일정하게 구획된 경작지는 아니다. 유한한 지명의 한계를 벗어난 이 자유로운 땅은 상추나 시금치, 쑥갓, 아욱 등 온갖 푸성귀를 키워내어 늦봄 한철 우리의 허기를 달래주던 정다운 이름이다. 그렇다고 구획의 범위가 미치지 않는 빈 들이나 깊은 산골짜기에 있는 것은 아니다. 그것은 우리네 삶의 거주지 안에서 언제라도 손을 뻗으면 닿을 수 있는 곳, 고향 옛집이라는 이름의 우리의 정서적 범위 안에 자리한다. 비록 먹고 사는 문제를 해결해주는 전답의 절박한 용도에서는 비켜나 있지만 유년시절에 대한 기억의 심층에 자리하고 있는 텃밭은 어떤 풍경을 바라보기 이전에 이미 나의 시선을 지배하는 신기루와 같아서 어디선가 이명처럼 새소리가 들릴 때 할머니의 굽은 등걸에서 개나리꽃이 막 피어난다.

돌아보니 역사의 지붕 위에 참새들이 옹기종기 앉아있다. 참새는 우리나라의 텃새 중의 텃새이다. 먼 옛날 우리 조상이 초가집을 짓고 살면서부터 우리와는 한 지붕 두 가족을 이루며 애증의 세월을 함께했다. 늦여름 올벼가 익어갈 무렵이면 휘이휘이 새떼를 쫓는 여자아이들이나 할머니들의 목소리가 처량하다 못해 울음소리로 들리면 그 소리의 끝자락엔 누

런 벼이삭이 일렁이는 지평선이 휘감겨 들어와 신비한 우주의 소리처럼 길게 나의 가슴속으로 밀려들어왔다. 그러면 나는 말 못할 그리움에 어스름이 깔리는 들판을 혼자 걷곤 했다. 저녁은 소걸음으로 오고 밤의 정

적이 내게 경이와 두려움의 두 얼굴을 보여줄 때 나는 어깨를 딛고 떠오르는 별들을 쳐다보며 하찮은 풀뿌리에도 걸려 넘어지며 울음을 터뜨리기도 했다.

철길을 따라 보령 방향으로 걷는다. 시가지가 끝나는 곳에 개천이 철길 아래로 흐른다. 진죽천이다. 그 위로 놓여있는 철교는 교각이 모래 속에 거의 묻혀있어서 모래둔덕 위에 철교가 놓여있는 것처럼 보인다. 처음 철교를 세웠을 땐 진죽천의 바닥은 깊이 내려가 있었을 것이고 교각도 높았을 것이다. 그러나 세월이 흐르면서 유입된 토사에 의해 개천의 바닥이 높아졌다. 옛날 우리나라 시냇물의 물살은 유연했다. 물살은 거침없이 흐르다가도 자신의 속도를 늦추어 모래를 쌓기도 했다. 먹감는 아이들이 모래밭에 누워 가슴 위로 고운 모래를 쓸어 올리면 모래 위에 찍힌 새들의 발자국까지 함께 올라왔다. 그러면 아이들은 온통 새들의 울음으로 가득 찬 몸뚱이를 뒤뚱거리며 까치발로 시냇가를 징검징검 뛰어다니고 어느덧 서산에 해가 저물곤 했다.

이렇듯 우리의 어린 시절은 인간과 자연의 경계가 없이 우리의 산하는 사람들의 가슴속에 고여 있었다. 그러니 오늘의 깅과 개천은 현대문명의 일원으로 경직된 흐름을 강요받아 잔모래마저도 쌓일 곳을 잃어버린 채 아무 곳에나 무덤 같은 흙더미를 만든다. 지금 저 모래더미 곁을 지나는 아이들은 그 자리에 아니면 그 속에 무엇이 있었는지 궁금해 하기라도 하는 것일까. 아이들이 빈 집에서 컹컹 짖는 이국종 개를 노려보며 손바닥에 돌멩이를 감아쥔다.

진죽의 거리는 광천에서 보령으로 가는 39번 도로변에 일자형으로 늘어져 있다. 그 흔한 커브길도 없이 로타리도 없이 바로 옆에 새로 뻥 뚫린 자동차도로가 신생의 삭막함을 고집한다. 진죽의 거리는 꽃나무 하나 없

이 늙은 태양을 향해 헛기침 하듯 봉우리를 터트리는 목련도 없이 봄을 맞이한다. 완행열차의 지붕을 타고 온 남녘의 산들바람들이 낮은 지붕들과 담장의 처마 아래 모여서 웅성거리고 키 낮은 민들레가 돋움발로 서서 작은 창문을 쳐다보면 여인들은 지난겨울 얼룩겼던 얼굴을 토닥토닥 봄볕으로 고친다. 바람 한 점 없이 눅눅한 내 여행의 행로에도 산뜻한 아지랑이가 피어오르는지 철없는 마음이 어지럽다.

역전 거리를 벗어나 시내를 걷는다. 슈퍼마켓도 보이고 페인트 가게와 한가한 식당들이 차례로 나타난다. 우리나라 도시 어디를 가나 만날 수 있는 것들이다. 그리고 아, 별다방, 고향다방도 있다. 얼마 만에 보는 정다운 것들인가. 이들은 우리네 아버지의 이름이었고 우리의 옛이름이었다. 오늘의 우리는 이들 이름의 촌스러움을 견디지 못하고 ㅇㅇ카페이니, ㅇㅇ숍이니 하는 서양식 이름으로 바꾸었다. 다방의 어둑한 구석에 앉아 달콤한 커피 한잔에 타 마시던 희망도 절망도 서양식의 쿨하고 세련된 허무로 혀끝에서 흩어져 버렸다. 다방의 창문 안을 들여다보며 무력감을 느낀다. 지금 내가 생각하고, 쓰고 있는 것들이 훗날 사람들에게 받아들여지지 않을 때 내 스스로 그것들을 거부할 수 있을 것인지 확신할 수 없기 때문이다.

노인이 자전거를 타고 다방 앞을 지나간다. 그의 녹슨 자전거가 털털거리며 노래하는 것은 무엇인지, 다방의 어둑한 창문이 초점 없이 바라보는 낡은 거리의 고요함의 깊이는 얼마나 되는지 알 수 없는 나는 노인의 눈에 비치는 세상을 너무 무책임하게 연민하고 있는 것은 아닌지 모른다.

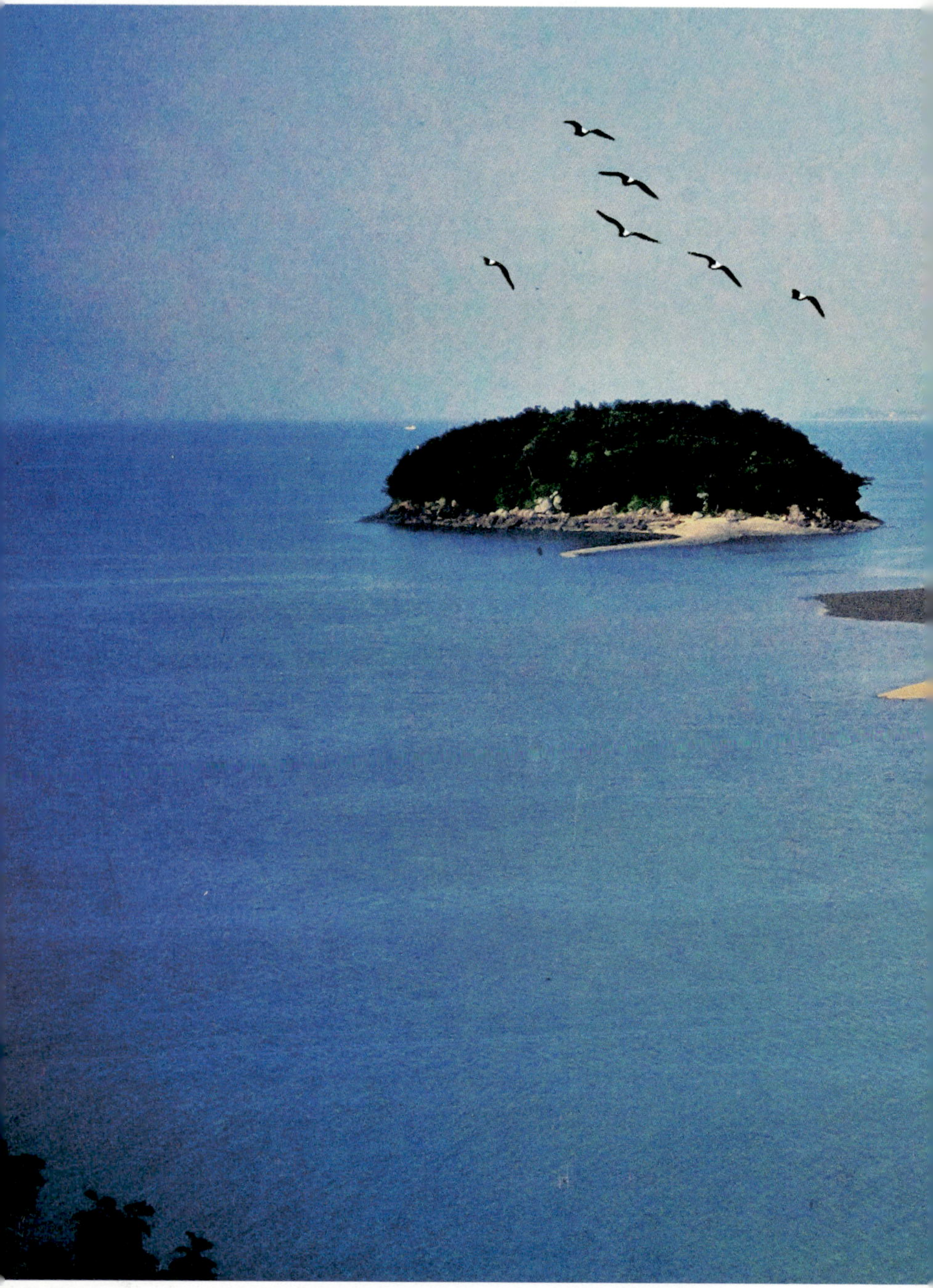

청소역 · 115

진죽에서 한나절을 보내고 오천항을 향해 걷는다. 길에서 만나는 이곳 사람들은 누구나 친절하다. 어쩌다 길이라도 물으면 길고 투박한 어투로 한참이나 따라오며 손가락을 들어 자세히 가르쳐 준다. 전혀 예측하지 못한 사투리에 깜짝 놀라기도 하지만 내 유약한 걸음으로 힘든 여행을 계속할 수 있는 까닭은 그들의 친절한 마음속에 한없이 걸어갈 수 있는 길이 펼쳐져 있기 때문이다. 얼마 걷지 않아 오른발 바닥이 따끔거리다 곧 감각이 없어진다. 고통을 참으며 걷다보면 발이 느끼는 아픔은 그것을 참으려는 가련한 인내가 감각을 버리는 육신의 방어행위로서 낯선 곳의 신성한 풍경을 받아들여 정신의 일부로 만들 때 더 이상 고통이지 않고 숭고한 아름다움으로 받아들여진다.

이 때 가련한 인내의 근원은 한적한 시골길이 내게 가져다주는 수많은 추억들이나 친근한 감정들이다. 이것들은 결함투성이거나 나약하기 그지없는 것들이어서 내 **무의식**의 **특별한 보호** 속에서 사랑 받는 심리적 특별함이다. 오천항으로 넘어가는 고갯길을 오르며 60킬로그램도 못되는 내 빈약한 육체를 짓누르는 공기의 무게에 몸뚱이는 스폰지처럼 미명의 습관들을 방출하고 그 빈자리엔 어김없이 신비한 음파로 가득 찬 대기가 밀려들어온다. 한 걸음 한 걸음 내딛을 때마다 몸뚱이는 유쾌한 감각으로 충만한 악기처럼 날아오르는 한 마리 작은 새의 울음에도 쉽게 공명하는 투명한 정신성을 소유한다.

오천항은 바닷물이 육지 깊숙이 들어온 한적한 작은 포구다. 조선시대 왜구의 침입을 막기 위해 쌓은 성이 빙 둘러있고 물결이 잔잔한 바다엔 작은 배들이 몇 척 떠있다. 매여있는 조그만 보트에 올라 몸을 흔들어본다. 오늘 걸어온 길들이 주르르 흘러나와 바다의 근거 없는 침묵 속으로 들어간다. 진정 배 안은 나 혼자인가. 넓지 않은 배 안을 둘러본다. 카메라 가방과 나뿐이다. 그리고 아, 고독이 내 곁에 다소곳이 앉아있지 않은가. 내 여행의 동반자는 카메라 한 대와 필기도구와 고독이 전부다. 나이외의 누구도, 심지어 연인도 나를 자연의 교감으로부터 추방하여 외롭게 만든다. 자연이 내게 부여한 내밀한 자유를 박탈당한 채 동일한 경험을 강요당하는 것은 얼마나 심각한 고통인지 모른다. 집에서 멀리 나와 혼자 있을 때 세상이 말을 걸어오고 그것으로부터 위안을 얻는다는 것을 나는 오랜 여행을 통해 깨닫게 되었다.

서산에 이미 해가 기울기 시작했다. 해 저무는 서녘 들판에 서면 그림자가 먼저 길게 쓰러진다. 그 위로 어스름이 내려와 앉으면 일몰의 상처가 채 아물지 않아 검붉게 흐물거리는 그림자에 방금 목 떨어진 늙은 태양의 핏물이 스며있어 내가 발걸음을 옮기면 금방이라도 시뻘건 피를 흘리며 따라올 것만 같아 그만 한 자리에 서고 만다. 갈매못 성지다. 조선말 다섯 명의 천주교 신부가 이곳에서 처형되었다. 그들이 발목에 족쇄를 차고 한양에서 이곳 해 떨어지는 서해의 변방까지 죽기 위해 걸어온 고통의 길은 자신이 믿는 신을 경멸하는 세상과 화해하기 위한 용서의 길이었다. 육체의 고통은 불신의 땅에서 믿음으로 가는 통과의례였고 그의 고통은 우리의 나약한 정신을 관통하여 이 땅에 참 평화의 발자국을 찍어나갔다. 그것은 우리가 이제껏 보지 못했던 새로운 태양 아래서 한낱 이슬방울에 불과한 우리의 삶이 영원이 마르지 않는 것으로 기록되는 역사의 길이었다. 그들의 발목에서 살가죽이 터지고 피가 흘러도 결코 찢겨지지 않는 순교의 명백한 목표 안에서 이 땅의 백성은 다 같이 행복했다.

오늘은 참 많이 걸었다. 나의 여행은 전국의 간이역을 떠돌아다니며 옛날의 기억들과 재회하고 사람들의 추억과 새로운 관계를 맺는 일이다. 때로는 그것들이 나를 외면할 때도, 과거로 가는 길목에서 자취를 감추었을 때도 나의 여정은 늘 새로운 욕망으로 가득 찬다. 휑한 역사의 플랫폼으로 상행선 완행열차가 딸랑거리는 신호 하나로 미끄러지듯 들어온다. 발등으로부터 심장을 두드려 올라오는 기관의 소리가 뒤따라온다. 서울을 출발해서 장항을 돌아오는 열차는 처음 출발한 자리로 돌아가는 것이 목표다. 지금 나의 목표는 무엇인가. 피곤한 육체에 내가 할 수 있는 일은 저 무의식의 열차처럼 단 하나의 목표를 갖는 일이다. 지금까지 지나간 것들과 맺었던 관계를 해체하고 아직 섭섭한 아픔으로 팔딱팔딱 뛰는 내 심장에 기계의 딱딱한 박동을 얹어주는 일이다. 열차가 멈추고 무거운 발을 객실 안으로 옮긴다. 열차가 고스란히 간직하고 있는, 열차에 타고 있는 사람들의 기억이 나를 와락 껴안는 곳에서 나의 새로운 여정은 천천히, 아주 천천히 다시 시작된다.

일산역
중심의 변두리역

이젠 경의선도 전철로 바뀌고 말았다. 서울에서 문산까지 조금씩 구부러지고 비탈진 언덕길 너머마다 민들레꽃처럼 나지막한 지붕을 이고 서있던 간이역들은 어디로 갔는지 보이지 않는다. 반듯하게 뻗은 새로운 철길 위를 전동열차가 익숙한 듯이 달리다가 이따금 그 옛날 통근열차의 수줍음으로 머뭇거리는 곳엔 어김없이 낯선 역들이 들어섰다. 허름한 지붕들 위에서 정답게 반짝이던 햇빛은 우뚝 솟아오른 현대식 건물의 날카로운 지붕꼭대기에서 찢겨져내려 철길 가에 어수선하게 흩어진다.

건널목마다 웃으며 손을 흔들어주던 사람들도 무표정하게 서서 머리칼만 날린다. 사라진 것들의 이름을 하나씩 불러본다. 새로 들어선 키 큰 건물들의 공허한 그림자들만 허물어져 쌓일 뿐 대답하는 것은 아무 것도 없다. 지금 내가 경의선 열차에 앉아있는 것은 나의 과거로부터 열차의 미래를 해방시키는 일이다. 열차의 미래는 나의 여행의 시간 안에 있었고 나의 시간은 열차의 속도를 맹렬하게 견뎠다. 오늘 지나면 흘러가버린 것들은 자신의 미래를 나의 과거에게 물을 것이고 그때마다 열차는 좀처럼 내 기억의 끝을 벗어나지 못하고 자주 덜컹거릴 것이니 우울한 철로의 끝은 어디인가.

열차가 대곡역을 지나고 빈 들판을 달린다. 이곳은 옛날에도 들판이었다. 기차가 맘 놓고 통곡하던 허허들판이었다. 사랑하는 사람을 두고 온 젊은이들이 금촌, 파주, 문산 등으로 귀대하면서 기차와 함께 울던 광야였다. 그 울음의 한가운데 곡산역이 있었다. 역시 驛舍도, 단 한 칸의 대합실도 없이 철제 의자 몇 개와 딱딱한 콘크리트 승강장만이 그들의 울음에 반향했다. 그러면 다시 들판은 끝없이 메아리쳐 멀어져가고 한강물은 구부러져 흘렀다. 어떤 젊은이는 곡산역에 내려 까닭 없이 서성였다. 그는 철제 기둥에 기대서서 뻥 뚫린 지붕으로 흘러내리는 파란 하늘을 바라보았다. 그 푸르름 속에는 고향 뒷산의 뻐꾸기 울음이 있었다. 두고 온 연인의 흐느낌도 섞여 있었다. 그러다 다음 기차가 기적을 울리고 들어오면 이 조그만 간이역의 지붕은 한 귀퉁이가 또 떨어져 내렸다. 말끔하게 새로 단장된 곡산역에 열차는 소리 없이 밈추고 사람들은 분주하게 내려 어디론가 총총 사라진다. 옛날처럼 서성이는 사람은 없다. 열차는 다시 출발하고 휙휙 쓰러지는 잡초 위에 떠밀리는 들판으로 몰려오는 아파트와 아파트, 그 틈새에 숨어드는 메아리는 땡볕이 핑그르르 통과하는 두께로 미래를 향해 엷어지다 오늘도 그렇게 잊혀간다.

백마역을 뒤로 하고 넓은 아파트 단지가 펼쳐진다. 일산이다. 일산이란 지명이 언제 생겼는지는 여러 설이 있으나 1904년 일제가 경의선을 부설하면서 당시 송포면 덕이리 한산 마을의 고유 명칭인 〈한뫼〉를 한자말인 일산으로 불렀다는 설이 널리 알려져 있다. 시가지로 들어서니 아파트들이 위협하듯 사방을 둘러싼다. 옛날 이곳의 중심지인 본 일산과 일산역은 중심 안에서 변두리로 남아있다. 역의 뒤로 눈에 익은 건물들이 보인다. 족발집, 국밥집, 선술집들이 거대한 신 일산역 부근에 조성된 현대식 상설시장의 위용에 눌려 조금 떨어져서 납작하게 엎드려있다. 기억하고 싶은 것들은 언제나 세월의 뒤로 아른아른 숨는 것인지 몇 년 전 이곳에 점심을 먹을 때 흘러간 이야기를 동화처럼 들려주던 순댓집 할머니도 찾을 길이 없다. 역전 뒷골목은 정오의 햇살이 다 쏟아져도 좀처럼 길을 내어주지 않는다. 커다란 유리창이 너무 환해서 외로운 가게들이 환한 대낮을 묵묵히 견디는 인내심과 초현대식 신 역사의 창문에 반사되는 햇빛의 황홀함 사이에 나는 쑥스럽게 서 있다.

낯 익은 물건 하나가 눈에 들어온다. 옛날 공중 전화기다. 휴대폰이 상용화된 오늘날 공중전화기는 골동품이 된 지 오래다. 전화기는 철제의 사각형이 아닌 노란색의 둥글고 아담한 동전 전화기다. 반가운 마음에 백 원짜리 동전 몇 개를 넣고 수화기를 든다. 뚜- 하는 익숙한 신호음이 귀청을 타고 흐른다. 어둠 속에서 튀어나온 풍경보다 반가운 것은 귀에 익은 소리다. 사람들은 미명의 상자 속에 사랑을, 욕망을 그리고 때로는 증오를 이 소리와 함께 가두었다. 그것들이 모두 빠져나가버린 지금 상자 속엔 적막만이 남아있다. 폐역의 적막에겐 디젤 기관차가 남기고 간 기적 소리를 기억하는 것도, 플랫폼을 바쁘게 뛰어가는 사람들의 발자국 소리를 기억하는 것조차도 욕 같다는 생각이 들어 나는 역전의 공중전화기 앞에서 그리운 사람의 전화번호도 잊어버렸다. 먼지가 내려앉은 번호판을 가만히 눌러본다. 아, 지금은 잊었다고, 잊어버렸다고 생각했던 그

일산역 · 129

사람의 전화번호가 손가락 끝에서 분명하게 떠오른다. 누군가를 그리워하는 일이 힘겨운 나는 늘 그리움 밖에 있었고 그리운 소식은 나를 비켜갔다. 이제 와서야 동전 몇 개 떨어지는 소리에 폐역에 아무렇게나 자라는 철 잊은 들꽃들이 놀라 피어난들 그 이름을 다시 부를 수는 있는 것일까. 벌써 지겨워지기 시작하는 한낮의 태양 아래 애인 하나쯤은 숨겨 둘 마음속 계곡은 아직 깊은 것인지 걸음은 폐역의 어두운 그늘 속으로 한없이 가라앉고 발바닥은 모두 떠나버린 대합실의 차가운 바닥 위에서 환하다.

1933년에 건축된 일산역은 일제 강점기 시절의 건축 양식을 그대로 간직하고 있는 수도권의 몇 개 안되는 역들 중 하나다. 70여 년이 넘게 흘렀어도 원형이 잘 보존되어 있는 역은 지난 2006년 문화재청에 의해 근대문화유산으로 지정되었다. 바로 옆에 신축된 신 역사에게 역의 모든 기능을 넘겨주고 역사 속으로 물러나 있다. 승강장에 서서 사방을 둘러본다. 역을 빙 둘러싼 아파트들이 은빛 투구를 눌러쓴 중세 기병들처럼 저벅저벅 철갑 소리를 울리며 돌진해 내려와 금방이라도 이 허름한 목조건물을 짓밟아버릴 것 같은 기세다.

한때 일산의 심장이었던 역이, 이곳 상권의 중심에 당당하게 서 있던 박공지붕의 아름답던 역이 자신보다 소박하고 낮은 것은 아무것도 없는 지금 그래도 버티고 서 있는 힘은 무엇인가. 반 년이 넘는 오랜 좌정 끝에 깨달은 겸손일까. 지금은 때가 아니라고 울리지 않는 절간의 풍경風磬 같은 처마 끝 옛 신호등의 완고한 고요일까. 저 겸손까지의 거리는 내게 너무나 멀다. 내가 도저히 도달할 수 없는 고요의 중심이다. 깨달음보다 무거운 체념을 매달고 그렇게 오랜 시간을 버텨온 역사를 위해 내가 근심할 수 있는 일은 아무것도 없다. 그러나 자꾸만 가까이 다가오는 저 아파트들은 또 어떻게 해야 한단 말인가.

역사의 한곳에 위령비가 서 있다. 1978년 8월 15일 순직한 역장 최규명과 1979년 3월 27일 순직한 역장 방사언의 위령비다. 정확한 기록은 알 수 없으나 위험에 처한 승객을 구해내고 숨진 이야기가 전해온다. 옛날 경의선은 단선이어서 일산역에서 상하행 열차가 교행했다. 역의 대합실을 나가면 바로 앞에 건널목이 있는데 이곳의 상존했던 위험성을 이해할 것 같다. 우리 민족은 평상시엔 잘 드러내지 않지만 위험한 순간이나 결정적일 때 희생정신을 발휘한다. 오래되지 않은 용산역의 일이나 일본 동경 지하철의 철로에 떨어진 승객을 구하고 숨진 한국인 유학생의 미담을 우리는 기억한다. 검은 화강암의 위령비 앞에서 묵념을 올린다.

그들의 희생정신이 압도했을 그날의 찬란한 아침 햇살은 아직 사람들의 가슴에 노을 한 조각으로라도 떠 있겠지만 오늘 밤이 오면 누구네 집 창가에서 희미하게 일어 꺼지지 않는 빛으로 보존될 것인지, 그리하여 새벽이 트면 시퍼런 햇살이 두드리는 참을 수 없는 이명으로 세상의 잠은 깨어날 것인지 궁금한 마음으로 쳐다본다. 그러나 위령비의 절반은 내 가슴 속에 벌써 들어왔고, 돌의 무게로 돌의 마음을 헤아려보는 일이 차츰 기울어져가는 일산의 햇빛만큼이나 이미 어두워져버린 것을 알아차린 후에야 나는 검은 위령비의 뒷면을 손으로 더듬어 읽는다.

역에서 서쪽 방향을 바라본다. 아파트 숲 사이로 철길이 돌아간다. 두 줄기의 철길은 결코 이루어질 수 없는 비련의 사랑처럼 만나지 못하고 평행선을 달린다. 그러나 여기 폐역에서 바라보는 철길은 아득히 먼 곳으로부터 하나가 된다. 원근의 법칙에 의한 시각차 때문만은 아니라는 것을 레일을 받치고 있는 무언의 침목들은 안다. 지난 70여 년 동안 저들이 말하지 않고 있었던 것은 무엇인지, 그 오랜 세월 동안의 비밀의 무게를 가늠해보는 일이 일 년 삼백예순 날에 발등을 묻고 서 있어도 어디 가능한 일이겠는가. 그러나 아침은, 저녁은, 사람들은 침목들이 깊이 감추고 있는 그 무게를 알아내기 위해 그침 없이 철길 위를 다녀갔고 다녀갈 것이다. 그때마다 한 발 물러앉은 산들의 봉우리들은 더 낮아질 것이다. 그 위로 솟아오른 아파트들의 배후인 검은 밤으로 한순간에 떨어지는 석양을 저 침목들은 또 묵묵히 견뎌야 할 것이다.

다시 발길을 돌려서 오던 길을 걷는다. 주 선로에서 교행선으로 갈리는 곳에서 걸음이 흠칫 기운다. 발목에 꼬이는 핏줄 속으로 검은 해가 다시 솟아오르고 폐역의 시간은 그렇게 사람의 안으로 지고 있다. 승강장의 동쪽 방향으론 아직 반들반들한 철로가 반듯하게 뻗어있다. 기차는 조향 기능이 없으므로 주어진 길만을 오고 가는 무의식의 운명을 선고 받았다.

이처럼 구부러지지 않은 철길을 바라볼 때면 어머니가 생각난다. 한 남자를 만나서 자신의 이름을 버리고 일곱 남매의 어머니란 이름으로 주어진 길을 묵묵히 걸어온 어머니가 생각난다. 어머니의 길은 낮이나 밤이나 늘 제자리를 가지고 있었다. 강을 만나도 산이 막혀도 돌아가는 법이 없었다. 나는 어릴 때부터 핸들이 없는 기차가 산모퉁이를 돌아가는 것이 신기했고 아버지보다 힘이 약한 어머니가 더 두렵고 위대해 보이는 이유가 궁금했다. 반듯한 레일 위에서 한발 한발 옮겨본다. 몸의 균형이 잡히지 않고 넘어지려고 한다. 어머니는 머리에 무거운 짐을 이고 두 손에 더 무거운 짐을 들고도 주어진 외길을 잘도 건넜다.

다시 양 손에 카메라와 가방을 들고 레일 위에 올라선다. 신기하게도 균형이 잘 잡힌다. 그렇다. 어머니가 흔들리지 않고 인생 외길을 걸어갈 수 있었던 것은 일곱 자식이나 되는 무거운 짐 때문이었다. 자식들이 모두

들 장성하여 제각각 살아가게 된 지금 어머니는 덜컥 큰 병을 얻었다. 예전의 강직함이나 투사 같은 모습은 그녀의 얼굴에서 찾아 볼 수가 없다. 자신을 지탱해준 생의 무게를 잃어버린 것이다. 자신이 책임져야 할 승객과 화물을 빼앗겨버린 이 녹슨 레일과 폐역사는 얼마나 오래 버틸 것인지 자꾸만 어머니의 병약한 얼굴이 떠오른다.

그렇게 한동안 철길 위를 서성이다 빈 의자에 앉는다. 아무도 찾아오지 않는데 의자는 누구를 기다리며 이토록 빨갛게 노랗게 파랗게 단장을 하고 있는 것일까. 의자가 기다리는 것은 자신들이 앉혔던 사람들만은 아닐 것이다. 그들의 기쁨이나 슬픔, 그들이 내쉬고 들이쉬는 숨의 무게에 기꺼이 자신의 등을 희생할 시간을 기다리는 것이리라.

기다리는 일은 아무것도 아니다. 그러나 기다림과 함께 찾아오는 고요는 견디기 힘든 것이다. 고요는 다음에 찾아오는 무엇인가의 전 단계다. 그다음에 오는 것이 무엇인지 알 수 없을 때 사람들은 불안해한다. 이 같은 궁금증은 언제라도 고요를 제 깊숙이 끌어들여 고독한 순간을 만든다. 이 순간은 시계 소리도 바람 소리도 들리는 모든 것들은 자국을 찍는다. 자국은 차갑고 날카롭고 깊어서 그 안은 더욱 더 깊어진 고요로 채워지고 점점 커져서, 우주만큼 커져서 그곳으로부터 자신만의 별은 뜨고 사라진다. 그렇게 오랫동안 고요하게 앉아 생각에 잠기다 일어선다. 내가 앉았던 자리를 유심히 바라본다. 얼마나 깊은 자국은 찍혔는지, 자국은 얼마나 날카로운 것인지 살펴본다.

문득 앉았던 의자 위로 구름의 그림자가 지나간다. 덜커덕거리는 구름의 그림자가 찍힌다. 발등에도 무릎에도 손등 위에도 찍히는 날카로운 그림자, 그림자들이 몸속 깊이 박힌다. 나는 절뚝거리고 객차를 떼어버린 기관차는 머리를 기우뚱거리며 지나간다.
외로운 역사를 지키고 있는 물건이 하나 더 있다. 완목신호기이다. 2000년 전기 자동식으로 교체되어 관광용으로 한쪽에 치워져 있었던 것인데 이제 역마저 문을 닫았으니 영원히 현역에서 은퇴한 셈이다. 완목신호기는 기차가 들어올 때 사람의 손으로 밀고 당겨서 신호를 보내고 끄고 하는 동시에 단선의 상하행 철로를 교행선과 이어주는 역할을 했다. 신호를 보낼 대상도, 선로를 바꿀 필요도 없어져버린 후 그 옛날 누군가 밀고 당기던 사람의 신호는 세상의 모든 고독으로 정지해 있다.
이 고독에도 해마다 네 번의 계절은 찾아주었다. 봄은 꽃들의 무시무시한 빛깔로 고독을 대신했고, 여름은 폭풍우 속에 흘러내리는 도시의 네온 불빛으로 고독을 이야기했고, 가을은 소슬바람의 그 완벽한 서늘함과 흠 없는 그리움으로 고독을 노래했고, 겨울은 하얀 눈의 순백의 진실성으로 이곳을 다녀가는 모든 것들의 순수한 발자국 속에 고독을 간직했다. 이런 것들이 골동품 속에 정지한 시간 속에서 일어난 일이었다. 저기 저 고독한 햇빛 속을 날아가는 새의 울음은 이미 슬픔 밖에 도달하기는 했을까. 빛보다 빠른 풍경 같은 하루가 깜짝 눈에 젖는다.
해는 어느덧 정오를 지났고 조금 따뜻해진 햇살이 역사의 구석구석을 파고든다. 빛이 좋은 양지에 한 남자가 책을 읽고 있다. 긴 머리에 두꺼운 안경을 낀 남자는 내가 곁에서 자신을 향해 카메라의 셔터를 연신 눌러대는지도 모르고 독서에 열중이다. 순간 그가 눈을 든다. 나는 얼른 고개를 돌려 그의 시선을 피한다. 그의 눈엔 형언할 수 없는 평온함이 고여 있다. 범상치 않은 머리칼, 안경 속으로 풍덩 빠진 것 같은 그윽한 눈빛, 야윈 몸뚱이를 온통 까맣게 덮고 있는 옷에서 풍겨 나오는 어떤 이국적인 위압감에 나도 모르게 슬쩍 자리를 뜬다.

조금 멀리 떨어져서 남자의 모습을 흘낏흘낏 지켜본다. 그는 다시 책을 읽기 시작하고 두툼한 책 위로 햇빛이 쏟아진다. 가늘고 파리한 손끝이 짚어가는 문자는 절대자의 진리인 듯 그의 표정은 점점 진지해져간다. 대합실의 유리창은 그의 등 뒤에서 비밀스런 한낮을 감시하고 지붕은 낮게 내려와 그의 젊은 잠을 스르르 덮어준다. 남자의 엷은 졸음 속으로 나른한 오후는 깊어지고 얼마만큼은 단풍나무의 투명함이, 얼마만큼은 아직 물들지 못한 나뭇잎의 수줍음이 그의 볼을 발그레 물들여갈 때 나는 조용히 대합실로 들어간다.

대합실 안은 나 혼자뿐이다. 벽엔 시간표와 철도공사의 광고물들이 아직 붙어있으나 매표소 안에 사람이 없고 매표소 밖에도 사람은 없다. 역의 대합실은 매표소의 유리창으로 안과 밖이 구별된다. 매표소 창구 안엔 역무원들이 두고 갔을 군자란이 한창 꽃을 피웠다. 질긴 생명력을 가진 식물은 돌봐주는 사람이 없어도 탐스러운 꽃대를 올려 붉은 꽃을 피웠다. 몇 개는 활짝 피었고 몇 개는 아직 꽃봉오리다.

활짝 핀 꽃보다 어린 꽃이 더 붉다. 저 어린것이 더 붉은 것은 입술을 오물오물 터트리지 못하고 그 속에 할 말들을 참고 있기 때문은 아닐까.

136 · 풍경과 간이역

문주란꽃이 저리 붉은 것은 매표구 창에 비친 석양의 햇살과 대합실 밖 지금은 문 닫은 선짓국집의 간판에서 밤마다 흘러내린 붉은빛이 섞여서 그런 것이다.

서쪽으로 조금 더 기운 해가 대합실 유리창으로 내려온다. 앙 다문 꽃잎이 한평생쯤이야 이처럼 참을 수 있다고, 이처럼 붉을 수 있다고 쓰윽 매표구를 향해 벌어진다. 꽃잎의 붉은색이 당도하는 내 살갗이 먼저 물든다. 손 뻗으면 까마득히 닿는 오후의 하늘이 차츰 물들어 가는데 매표소의 안과 밖을 구분하고 있는 빛과 사람 사이의 두께를 저 이국종 난초의 뿌리는 어디까지 참는 것일까.

누가 언제 먹고 놓고 갔는지 대합실의 창틀에 빈 복숭아 통조림통이 얹혀있다. 예전 같으면 함부로 쓰레기를 버린 사람의 양식을 의심하며 눈살을 찌푸렸을 터인데 외로운 폐역에서 이것마저 반가운 마음이 들어 카메라에 담는다. 나 먼저 누군가 저 빈 깡통을 바라보며 어떤 생각을 했으리라. 일자리를 구하기 위해 역전을 서성였을 이방인이었거나 일상의 권태에 쫓기는 사람이었거나 꿈마저도 외로운 사람이었을 것이다. 깡통의 가장자리는 반쯤 녹이 슬었다. 시간이 저 크롬도금을 갉아먹는 동안 반짝이는 깡통바닥에 반사되는 누군가의 상처받은 가슴도 그리운 것이었으리라.

그리움을 내게 가르쳐 준 이는 이곳 어디에도 없는데 왜 나는 가슴이 뛰는 것일까. 오늘도 나는 어리석은 얼굴을 숨길 곳이 없어 사람이 떠나버린 옛 역에 와서 두리번거리는데 빈 깡통 속에서 나를 바라보는 것 또한 익숙한 얼굴이다. 얼마를 더 속을 비워내고 가벼워져야 들키지 않고 얼굴을 뒤섞어 구겨 넣을 수 있을까. 사람의 피처럼 석양의 햇빛이 손바닥에 엉킨다.

폐역의 대합실을 나선다. 한 무리의 노인들이 신역사를 향해 걸어간다. 그들의 걸음걸이는 일정한 양식이 있다. 남자노인들의 걸음걸이는 축 늘어지고 힘이 빠져 보인다. 그러나 여자노인들의 걸음은 힘이 넘친다. 그녀들은 저 불빛 가득한 도시 속의 섬을 향해 당당하게 걸어간다. 옛날엔 남자들은 가족의 생계를 한 몸으로 지탱했다. 기차역은 그들이 세상으로 나가고 세상으로부터 돌아오는 통로였다. 그러므로 역을 나서는 그들의 걸음은 당당했다. 여인들에게 기차역은 언제나 기다림의 장소였고 대상이었다. 기차소리는 그녀들에게 희망이자 근심의 근원지였다. 역에 나올 일도 별로 없었으므로 어쩌다 역 근처에라도 오는 날이면 저절로 발걸음이 조심스러워졌다. 그러나 세상은 바뀌었다. 남자들이 씩씩하게 걷던 험준한 길은 지워지고 없다. 반듯하게 닦인 현대식 길 위를 평등하게 구르는 바퀴 위에서 그들 다리의 힘은 의미가 없어졌다. 때로는 거추장스럽기까지 하다. 요란한 스피커의 안내 방송이 들린다. 믿을 수 없을 만큼 당당해져버린 여인들의 보폭을 따라가는 아버지들의 흐느적거리는 걸음을, 가난한 가계와 식구들이 다 가져가버린 그들의 빈 걸음을, 밝은 대로 위에서 시늉만으로 절뚝거리는 슬픈 자화상을 나는 보고 있다.

일산역 · 141

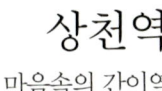

상천역
마음속의 간이역

며칠 전 부천 문단의 한 원로시인으로부터 전화를 한 통화 받았다. 지난 6월 고요아침에서 낸 〈추억으로 가는 간이역〉을 읽은 소감과 함께 내 전화번호에 대한 이야기였다. '칠칠구칠'이란 휴대폰 번호의 끝자리 숫자가 마치 기차가 달리는 소리를 연상하게 한다는 것이다. 그렇다. 내게 있어 세상 사람들과의 의사소통 암호는 기차 소리인지도 모른다. 나는 사람들을 만나고 직접 대화하는 것을 극도로 두려워한다. 특히 사람들의 말을 듣는 것이 두렵다. 그들의 일상적인 대화의 주제는 늘 내가 이해할 수 없는 것들이어서 나를 고독의 늪으로 밀어 넣는다. 그 고독은 거울 속의 눈동자처럼 아무리 피하려 해도 그 자리에 있다. 그러나 달리는 열차에 앉아있으면 말이 없어도 세상의 모든 이야기를 온몸으로 듣게 되어 고독으로부터 해방된다. 열차의 진동음과 기긴 소리, 창문을 스쳐가는 바람 소리는 내게 세상의 이야기를 전해주는 암호인 것이다.

오늘부터 여름방학이다. 지난 몇 달간 사람들과 부딪히며 공허함에 빚진 시간을 세상의 외진 곳의 시간을 빌려다 갚고, 그래도 조금 남으면 서쪽으로 난 우리 집의 유일한 문인 뒷박만 한 침실의 창문에 매어두고 한밤중에 공연히 가슴이 콩닥거릴 때 달아나는 잠을 좇아간 시간의 대용으로도 쓰면 좋겠다 싶어 오랫동안 마음속에 품어온 조그만 역을 찾아 나선다. 하늘이 잔뜩 찌푸려 금방이라도 빗방울이 떨어질 것 같다. 청량리역에서 서둘러 춘천행 열차를 탄다. 비가 오기 전에 상천역에 도착해야 한다.

상천역 · 145

상천역은 일제 강점기인 1939년 간이역으로 태어나서 1967년에 보통역으로 승격되었으나 이용객이 줄어 1996년부터 여객을 취급하지 않게 되었다. 그러다가 지난 2002년부터 등산객과 M.T를 오는 대학생들이 늘어나며 다시 여객을 취급한다. 내가 옛날 가평군에 근무할 때 열차를 타고 지나가면 역보다 큰 역명판이 먼저 눈에 들어왔다. 그러고는 아무것도, 아무런 사람도 보이지 않다가 열차가 구슬프게 기적을 울리며 모퉁이를 돌아가면 한쪽이 허물어진 역사(驛舍)의 슬래브 지붕이 오랫동안 차창에 떠 있었다. 지금도 나는 상천역을 그 커다란 역명판과 귀퉁이가 허물어진 지붕으로 기억한다.

오래된 기억을 더듬어 가는 길은 이런 것인가. 하늘이 한 줄기 억센 빗줄기를 뿌린 후 온통 회색빛으로 덮고 있는 길은 완행열차의 바퀴 아래서 덜커덩거린다. 차창 밖으로 보이는 희멀건 북한강도 내 아련한 기억을 따라 흐른다. 머릿속은 물풀이 자라 흐느적거리고 안개 자욱한 마음속 강물 위엔 물새들이 난다. 문득 물새 한 마리가 외로운 울음을 떨어뜨리고 열차도 빈 하늘에 목 쉰 기적소리를 울리며 긴 몸통을 흔든다. 사방에 보이는 것들은 내 기억이 극복할 대상은 아니다. 하나의 풍경을 없애면 또 다른 풍경이 밀려온다. 다시 밀려오는 풍경의 속도는 열차의 속도를 압도한다. 몸이 어떻게 흔들려야 풍경 뒤로 빠르게 흩어지는 추억들이 설레며 다시 길 안으로 모여드는 것인지 나는 돌멩이처럼 깊은 생각에 잠긴다. 움직이는 것들이 하나씩 제 자취를 지워나가고 차창을 때리는 빗방울들도 제 흔적을 재빨리 지운다. 온몸이 외로움인 물새와 가슴을 바꾸고, 길을 바꾸고 허공으로 울며 날아오른들 나의 길을 지울 수 있을까. 커다란 물방울 하나가 떨어지지 못하고 머뭇거릴 때 나는 희미한 자취를 길 위에 남길 뿐이다.

열차가 상천역에 정차한다. 낯선 풍경이 눈앞에 펼쳐진다. 이곳이 내가 그토록 그리던 역이란 말인가. 역보다 큰 하얀 역명판이 있던 자리엔 파란 명판이 덩그러니 걸려있다. 한쪽 귀퉁이가 허물어졌던 지붕도 네모가 반듯하다. 한 시간 이상을 서 있어도 열차가 두 대나 지나가도 타고 내리는 사람이 없다. 누구의 근심 터널을 지나오는지 더디 오는 열차를 기다리며 역의 명판만큼 커다란 산나물 보따리를 등에 짊어지고 초조하게 서성이던 사람들은 어디 갔는가. 정차하지 않고 지나가는 급행열차의 뒷모습을 바라보며 허물어져 나간 역사의 지붕처럼 한쪽으로 어깨가 기울던 여인네들은 지금 어디 있는가. 아침저녁으로 통학생, 직장인들이 수십 명씩 타고 내리던 곳, 그들의 발자국이 화석처럼 굳어져 있는 플랫폼에서 그 옛날의 자취를 물어 찾으려 해도 하늘 아래 대답해주는 것은 아무 것도 없다.

상천역 · 149

대합실 안으로 들어간다. 나무의자와 몇 권의 책들이 놓여있는 것은 옛날과 같다. 그러나 낙서들이 아무렇게나 갈겨 씌어있던 대합실의 벽엔 조그만 낙서칠판이 걸려있고 그 아랜 유성 펜과 지우개가 놓여있지만 칠판은 깨끗하다. 펜도 말라있다. 낙서를 읽는 사람이 없으니 낙서를 하는 사람도 없는 것이리라. 낙서가 없는 간이역은 상상하기 어렵다.

상천역은 보통역이나 실제론 간이역이나 다름없다. 빨간 물체 하나가 눈에 띈다. 허리나 다리의 뭉친 근육을 진동으로 풀어주는 운동기구다. 등산객들의 발걸음이 잦아지자 그들의 피로를 조금이나마 풀어주기 위해 서비스 차원에서 갖다놓은 모양이다. 울타리 하나 없이 사방이 터진 바람의 집 같은 역이다. 호명산虎鳴山 계곡을 타고 내려온 산 골 바람이 으르렁거리며 조그만 대합실의 문짝을 흔들 때 저 혼자 얼마나 자지러지며 떨었는지 오래전에 작동이 멈춘 듯하다. 추억은 멀리서 바라볼 때 아름다운 것이라더니 정말 그런 것인가. 아무래도 역의 외부가 아닌 내부에서 잃어버린 것들을 찾을 수 있을 것 같아 역무원실로 들어간다.

깔끔하게 정돈된 실내엔 역무원 두 분이 계셨다. 그중 윗사람으로 보이는 분에게 찾아온 자초지종을 이야기하며 역에 대한 이야기를 듣고 집무하는 모습과 실내외 사진 촬영을 부탁드렸다. 그러나 그분은 난색을 표하며 정중하게 거절한다. 꿈에서도 잊지 못한 상천역, 언제라도 달려가면 반갑게 맞이해줄 것 같은 고향 같은 역에서의 뜻밖의 상황에 눈물이 나려고 한다. 공공기관을, 그것도 실내 모습을 외부에 공개하는 것은 관련 기관의 허락 없인 금지되어있음을 공직에 있는 나로서도 익히 알고 있는 바다. 역은 누구에게나 열려있다. 그러나 쉽게 열리는 문은 누구나, 아무 때나 통과할 수 없음을 나는 모르고 있었다. 이러저러한 절차를 밟고 난 후에야 부역장님의 설명과 함께 몇 컷의 촬영을 할 수 있었지만 나의 존재가 얼마나 하찮은 것인가를 깨닫게 해주는 것이어서 나는 종일 우울했다.

영등포 문고를 나오는데
열리지 않는 문, 잠시
나를 읽다 멈추는
자동감지기를 바라보며
나의 생이
허구렁이라는 생각일 때
서점 안으로 다시 들어가
무명작가의 산문집을 하나
사들고 나왔다 스르르
열리는 자동문, 슬프다
맑은 하늘에 소나기 지나가며
예고 없이 나의 운명을 내릴 때
나는 쓸데없이 울먹였다
나의 육체는 빈 것이었으므로

밖으로 나왔다. 서울 방향으로 열차 한 대가 사라진다. 열차가 지나간 철로 위에 빨간 정지 표지판이 서 있다. 이미 나는 금지되었다. 내 의식 안을 불분명하게 떠돌던 생각들도, 다시 내리기 시작하는 빗방울들도 저 표지판 앞에선 금지된다. 여기선 멈춘 것들은 빠르게 달아나고 움직이는 것들은 멈춰있다. 달리는 열차 안에서 내 상상 속의 모든 것들은 그 자리에 그대로 있었다. 열차에서 내리는 순간 그것들은 자리를 비우고 모두 어디론가 사라져버렸다. 멈춘 것들과 움직이는 것들은 저 표지판 앞에서 서로 상대를 대면하고서야 자신들의 본 모습을 찾는다. 표지판과 나란히 서 본다. 사라진 것들과 정지된 것들이 나의 내면에 있는 추억의 거울에 비치는 모습으로 다시 태어난다. 지금 철로 옆에 자라는 잡풀들과, 누군가 키우는 저 가지와 오이넝쿨의 짧은 생生 한가운데 방금 지나간 열차는 영원히 정지하리라.

플랫폼의 중앙에 통나무들을 박아서 만든 아담한 화단이 있다. 봉숭아 한 그루만 외롭게 꽃을 피웠다. 꽃잎의 색깔은 옛날 누이의 봉숭아 꽃잎에 물든 손톱처럼 어둡고 무겁다. 지금 눈앞에 존재하는 봉숭아꽃은 아무런 의식의 작용이 없는 단순한 인식의 대상이다. 대상은 그것을 보는 사람들의 인식의 창에 의해 각각 다른 이미지로 현상된다. 대상을 인식한다는 것은 그것을 지각하거나 감각하는 주체의 마음의 작용이다. 역의 쓸쓸한 화단의 나무 울타리가 내 기억 아래 누군가의 긴 근심의 그림자를 드리우고 봉숭아꽃은 그곳에 새끼손톱 같은 붉은 달을 걸어둔다. 화단의 통나무들이 긴 계단을 만들어 어디론가 나를 데리고 올라간다. 그러다가, 후두두둑 마음에 빗방울들 떨어져 조그만 내 꿈속의 간이역은 봉숭아꽃들이 한꺼번에 터트리는 붉은 울음으로 가득하다.

화단 옆엔 오래된 청동제 항아리재떨이가 있다. 재떨이 위엔 담배꽁초 하나만 놓여 있을 뿐 속은 텅 비어있다. 담배꽁초는 언제 누가 놓고 갔는지 누렇게 색깔이 바랬다. 저 꽁초의 주인은 누구이며 필터 부분이 타들어가도록 담배를 태운 사람은 왜 여기에 왔을까. 그는 서성이며 무엇을 기다렸는지, 서성이다 또 무엇을 잃어버렸는지, 나는 항아리 속을 물끄러미 들여다본다. 그의 모든 것은 그가 아닌, 그를 바라보는 나의 정신상태를 들여다 볼 때 드러난다. 그는 내 가슴의 요구에 의해 현연現然되는 것이다.

항아리 속은 허물어진 역의 지붕에 걸려 펄럭이던 하늘과, 떨어져나간 역명판의 검은 글자들과, 오래된 사진 속 여자아이가 노란 풍선을 하늘로 날려버리고 터뜨리던 울음소리 같은 것들이 복잡하게 얽혀있어 그가 잃어버린 것이 무엇인지 알 수 없다. 아, 언젠가 보았던 대합실의 낙서가 내 가슴에서 지워진다. 지워져나가 항아리에 고인다. 다시 낙서가 있던 자리엔 허공이 들어서고 누군가의 전화번호처럼 얼룩진 구름이 뜬다.

역의 관사 앞엔 한 세기 전의 펌프 우물이 있다. 지금까지 돌아본 역에서 이런 펌프 우물을 본 적이 없다. 스위치만 누르면 쏴— 흘러나오는 수도로 얽힌 세상에서 아무리 눌러도 픽픽 공기 새는 소리만 나는 이 고물은 현대를 살아가는 우리들에게 무엇을 의미하는가. 자연 앞에서 인간이 이루어놓은 것은 하찮은 일이다. 그가 위대한 정치가든 실업가든 학자이든 아무런 의미가 없다. 다만 사람들이 자연 앞에서 바보가 될 때 그는 자연의 소리를 듣게 되고 자연의 일부가 되는 것이다.

잠시 오만한 마음을 비우고 그 옛날의 마음으로 돌아가 천천히 펌프를 눌러본다. 묵직하게 지하로부터 빨려오는 물의 압력이 느껴지고 물이 흘러나오기 시작한다. 흐르는 물소리와 만나 내가 흘러가는 곳, 내 어린 시절 이웃집, 그집 누나가 여름 한밤중에 펌프우물을 품어 올려 목욕을 하는 것을 담 넘어 몰래 훔쳐보고 잠 못 들 때 우리 집 감나무는 밤새 끙끙 앓으며 풋감을 한 소쿠리나 떨어뜨렸다. 펌프를 더 힘차게 누른다. 그만, 그만, 철로 건너편 인가 울타리에 서 있는 조생종 감나무가 진저리치며 가지를 흔든다.

상천역 바로 인근에 특이하게 생긴 음식점이 있다. 멀리서 보면 옛날의 증기 기관차의 모습과 같다. 다가가서 보니 실제 폐기관차와 객차를 이용하여 간이음식점으로 개조한 것이다. 현재는 영업을 하지 않는지 문은 잠겨있고 부근엔 잡풀이 내 키보다 높이 자라 풀잎 사이엔 주먹만큼 큰 왕거미들이 거미줄을 치고 나를 맞이한다. 날은 어두워지고, 비는 부슬부슬 내리고, 어디선가 도깨비가 나올 것만 같다. 푸드득, 갑자기 발밑에서 새가 한 마리 날아오른다. 하마터면 놀라 카메라를 떨어뜨릴 뻔했다. 우리는 살랑거리는 나뭇잎을 보고도 놀랄 때가 있다. 두려움은 대상은 그걸 바라보는 우리의 마음속에 있는 것이다. 잠시 숨을 고르고 풀 속에 누워있는 객차를 찬찬히 둘러본다. 마치 월정역의 폐열차를 보는 것 같아서 형언할 수 없는 비애가 밀려온다. 우리국토의 한복판, 우거진 풀 속에서 애석해하는 마음을 삭이는 방법이 저 왕거미의 눈을 바라보며 오므라든 심장이 방금 날아간 작은 새의 젖은 눈망울을 떠올리는 것으로 평정을 되찾는 일처럼 하찮은 것이라 생각되어서 슬픈 일은 아무래도 슬픈 일이라 생각하며 발걸음을 돌린다.

돌아가는 열차에 오르자 다시 비가 떨어진다. 금년의 장맛비는 끈질기다. 이미 수차례 하루 수백 밀리씩 내린 비에 우리의 국토는 피폐해지지 않은 곳이 없다. 남북으로 불어오는 습한 바람에 이미 그 소식을 전해 들었을 것이지만 무쇠덩이 같은 비구름은 어디론가 또 우르르 쾅쾅 몰려간다. 홀쭉해진 철마가 비바람 부는 철교 위를 달리며 그곳이 어디인지 흔들흔들 물어도 사납게 흐르는 강물은 대답이 아득하다. 막 지나치는 청평, 대성리역, 누군가 울고 갔는지 그 소리 들으러 강물은 어깨를 밀어올리고 이따금 어린 갈대들도 하얀 뿌리를 들어 귀를 기울인다. 나는 그 소리를 강물이 밀려오면 눈으로 듣고, 눈 감으면 멀어져가는 물 소리를 열차는 자꾸만 따라간다.

상천역 · 161

율촌역

이국적인 남방풍의 역

오늘의 여행지는 등록 문화재 제301호인 여수의 율촌역이다. 1930년 12월 25일 전라선 개통과 함께 역무를 시작한 역이다. 광주 송정리역을 출발한 아침 통근열차는 극락강역을 지나고 도심을 이리저리 빠져나가 한가한 남평역으로 들어선다. 열차는 천천히 속도를 늦추고, 의자에 등을 깊숙이 묻은 채 창밖을 내다보는 내 눈 안으로 텅 빈 풍경이 엄습해온다. 아침 열차를 기다리던 그 많은 사람들은 어디 갔는가. 머리에 자신의 몸뚱이보다 더 큰 보따리를 인 우리의 할머니, 어머니, 누나들의 분주한 발걸음 소리로 부산하던 승강장엔 소리 없는 산 그림자만이 무작정 흘러내린다. 인근 시내나 읍내로 통학하던 형제 누이들이 발을 동동 구르며 연착하던 완행열차를 기다리던 플랫폼의 복선 안내방송 소리도 들리지 않는다. 깊은 산골의 암자에서 들리는 독경소리처럼 청아하고 맑은 저 역무원의 안내 방송마저 이 세상에 나 혼자 외톨이가 된 것 같은 느낌이 들게 하는 것이어서 방금 지나온 도시의 분주한 광경들도, 소음도 내가 오랫동안 의탁해온 그리운 것들임을 깨닫게 한다.

이제 간이역 여행도 막바지에 접어든 것 같다. 7년 전 간이역 기행을 시작할 때만 해도 전국에 250여 개가 넘어 되던 대부분의 간이역들이 그동안 하나 둘씩 사라졌거나 현대식으로 증축되어 다시 볼 수 없게 되었다. 옛 모습을 간직한 역은 손에 꼽을 정도의 소수만 남아있다. 요즘 우리나라 모 프로야구단이 16연패를 하고 있다. 유능한 감독은 연패를 하지 않는다. 유능한 지도자는 과거에 대하여 많은 기록과 정보를 가지고 있어서 같은 실수를 두 번 다시 되풀이하지 않는 법을 알기 때문이다. 연승을 자주 하는 어떤 구단의 노감독을 보라. 그는 프로야구 초창기부터 약체

팀들만 맡아서 명문 구단으로 이끌었다. 매 경기마다 서툰 왼손으로 꼬박꼬박 기록한 과거가 오늘날 그를 프로야구 최고의 감독으로 군림하게 한 것이다.

일제강점기 시절, 혹은 우리가 못살던 시절에 지어진 허술한 간이역들은 오늘을 살아가는 우리에게 과거를 반성하고 미래를 설계하게 하는 중요한 자료가 된다. 뒤늦게나마 등록문화재로 지정되어 원형이 보존되고 있는 간이역들은 우울한 과거에서 보다 밝은 미래로 우리를 안내하는 특급열차가 출발하는 곳이다.

세 칸의 객차를 끄는 기관차의 가벼운 쓸쓸함 속에서의 낮잠은 참으로 감미로운 것이었다. 얼마나 깊이 잠에 취해있었는지 한참이 지나서야 열차의 기적소리에 놀라 깨어보니 벌교역이다. 계획대로라면 순천역에서 내려야 하는 건데 아무 생각 없이 그냥 열차에서 내리고 말았다. 잠시 지루한 후회 끝에 발길을 돌려 열차에 다시 오르려 했지만 기차는 이미 출발해서 저만큼 달려 나간다. 벌교역은 두 해 전 겨울에 다녀간 적이 있다. 시인 박기동의 〈부용산〉과 관련하여 여행기를 쓴 기억이 난다. 역전의 이곳저곳을 둘러본다. 소머리국밥집의 넓은 간판에 눈길이 머문다.

조정래의 소설 《태백산맥》 마지막 부분이 떠오른다. 역의 광장에 세워진 널빤지 위에 염상진의 머리가 높이 내어걸리고, 그의 늙은 어머니와 아내는 그 아래서 처참하게 울부짖고, 동생 염상구는 투덜거리며 형의 수급을 끌어내린다. 평소 형을 증오해온 상구였지만 형의 죽음 앞에선 어쩔 수 없는 인간 동생으로 돌아온 것으로 이해하는 독자들도 있다. 그러나 이념이 뚜렷했던 형 상진과는 달리 이념이 무엇인지 모른 채 과거부터

늘 해오던 방식으로 편리하게 세상을 살아가는 무식한 건달 동생 상구에
겐 형의 주검마저도 자신의 생을 불편하게 하는 장애물쯤으로 여겼는지
도 모른다. 그가 형의 수급을 황급히 끌어내린 행위는 어쩌면 지정학적
으로 피할 수 없는 외세의 폭력에 시달려 온 우리 민족의 숙명적인 보편
적 이기심의 발로였을 것이다.
아직 점심때는 이르지만 아침 식사를 하지 않아서인지 국밥집 앞에서 참
을 수없이 배가 고파온다. 이념의 대립으로 인한 민족의 커다란 아픔과
상처로 얼룩진 우리의 강산에 예순 번의 겨울과 예순 한 번의 여름이 흘
러갔지만 아직도 치유되지 못한 그 형이하학적인 고통을 쓸어내리는 것
은 나의 뱃속부터 달래는 일이라 생각되어 국밥집 문을 열고 들어선다.
순천행 다음 열차를 타려면 몇 시간을 더 기다려야 한다. 기차를 탈까,
버스를 탈까 생각하고 있는데 발걸음은 어느덧 철길을 따라 순천 쪽으로
향하고 있다. 얼마를 걸었을까, 벌겋게 녹슨 낮은 철교가 나타난다. 이곳
이 염상구가 깡패와 맞장을 뜨던 바로 그 장소다. 열차가 다가오는 철교
위에 더 오래 버티고 서 있는 사람이 이기는 대결이었다. 얼마나 순진하
고 낭만적인, 그러나 터무니없는 결투였는가. 그렇다. 염상구의 생은 늘
그런 것이었다. 타인을 향한 생생하고 뚜렷한 적개심은 사실은 자신의
내부에 감춰져 있는 아버지와 형에 대한 분노의 표출이었다. 어려서부터
공부 잘하고 부모에 순종적인 형 상진에 대한 아버지의 일방적인 사랑은
이들 가족에게 불어 닥칠 가혹한 운명에 대한 경고와도 같은 것이었다.

율촌역 · 169

걸어온 방향을 향해 두 팔을 벌리고 철교 위에 선다. 바다에서 불어오는 습윤한 바람이 건너 산모퉁이를 휘돌아 순간의 공포를 앞세우고 내게 불어온다. 머리카락 하나 날리지 않는 얼굴로 바람이 불어오는 방향을 향해 서 있는 나는 세상을 향해, 신세 진 모든 것들을 향해 경고의 메시지로 가득 차오르는 두 눈을 부릅뜨고 서 있는 이 땅의 건달이다. 황량한 바람이 이 작은 철교를 떠나지 못하고 다시 돌아오는 이유는 무엇인지. 단지 나는 적막하게 비어가는 뒤통수로만 서 있을 뿐이다.

그렇게 철교 위에 한동안 서 있다가 여수행 버스를 탔다. 한낮의 뜨거운 아스팔트 위를 달리는 버스 안에선 쉼 없이 에어컨 바람이 나오고 있으나 창밖에서 난입하는 뜨거운 풍경으로 차 안은 후끈거린다. 지금 내게 감각되는 풍경은 대지를 달구는 태양의 빛이며, 뜨거운 태양의 빛을 차갑게 반사하는 바다의 냉철함이며, 물상과 추상 사이 어디선가 발원하여 흐르는 물소리이다. 묵직하고 낮게 울리는 버스엔진 소리가 승개추 풍경 사이에서 한층 더 격리된 평온함으로 울릴 때 물끄러미 창밖에 시선을 맡기고 자주 쓸쓸한 등을 뒤척이는 사람들의 어깨에선 한가한 하늘이 떠오른다.

달리는 버스나 열차 안에 앉아있으면 차창에 스쳐가는 풍경은 눈으로 보는 것이 아니라 가슴과 귀로 느끼는 것들이다. 가슴의 풍경은 한참을 달려도 그 자리에 멈춰있고 귀의 풍경은 순식간에 사라진다. 멀리 득량만의 푸른 수평선이 차창에 가득 찼다가 가슴까지 밀어 올라온다. 그 위로 뭉게구름은 젊은 날의 영광처럼 피어오르고 큰 길들은 차창 안으로 구부려져 흐른다. 그리고 문득 샛길 하나가 귓바퀴를 스친다. 그 끝에 은밀한 오두막 같은 우리의 간이역, 율촌역의 낮은 지붕이 웅크리고 있다.

율촌역 · 171

율촌역은 순천과 인접해 있으나 행정구역상으론 여수에 속한다. 그 이름에서 알 수 있듯 이곳은 예전엔 밤나무가 많은 곳이었다고 한다. 그러나 사방을 둘러보아도 밤나무 숲은 보이지 않는다. 2006년 상하행 열차의 교행을 제외한 모든 역무가 정지된 역은 수시로 지나가는 열차들의 소음 속에서 명상에 잠긴 듯 고요하다.

그 옛날의 목가적 풍경으로 오랜 방황과 부재의 끝에 찾아온 미래를 부정하며 메마른 세월 속에서 저 오래된 역이 홀로 기다려온 것은 무엇인가. 낡은 지붕이 이고 있는 하늘은 눈부시게 돌아가는 세상의 태풍의 눈과 같은 곳이어서 높지 않은 야산들과 구름과 인간의 허공으로부터 너무 가까이도 멀지도 않게 고립되어있다. 누구라도 여기서 아무리 큰 소리로 외쳐도 지붕 위 하늘 밖으로 흩어지지 않을 것 같아 마음껏 소리쳐 노래하고 또 울고 싶은 마음이다. 언제 깔았는지 허술한 역사와는 대조적으로 산뜻하게 검은 역 광장의 아스팔트에 나는 두 발목을 깊이 묻은 채 움직이지 않는다. 싫지만은 않은 기름 냄새가 온몸으로 퍼진다. 이렇게 오랫동안 서 있으면 사람도 세상으로 향해 꽃을 피울 수 있는 것일까.

군산에서부터 수백 킬로미터를 달려 내려온 전라선, 그 끝 부분에 율촌역은 매미처럼 붙어있다. 이제 여객 업무는 중단된 통과역이지만 상하행 열차와 화물열차들이 교행하는 곳이기 때문에 역무원이 상주한다. 사람은 가도 옛날은 남는다는 노랫말처럼 여객은 떠나갔지만 여수항으로 들어가고 나오는 물류를 실은 화물열차들이 수시로 지나가는 것이어서 그 옛날의 철길은 우리가 지나온 길도, 버리고 온 길도 아니다.

역은 모든 것이 울림통이다. 한여름의 뙤약볕을 매미의 울음이 쓸어가듯 대지에 달라붙은 목조건물은 자신의 과거의 영화로 간이역의 정막을 소리소리 흔든다. 한 번의 소리가 한 번의 정막을 허물고, 정막은 또 다른 정막을 허물고 마침내는 나의 귓속까지 헐어내어 내게 전달되는 것은 온통 아픔뿐이다. 아픔은 흐르지 못한 강물처럼 과거의 기억 속으로 역류해 퍼져나간다. 금방이라도 터져버릴 것만 같은 기억은 마음껏 금가지 못하고 몸뚱이를 칭칭 얽어매고 있는 핏줄 같은 것이다. 지나온 세월을 허리에 감아 묶고 습관처럼 오래전부터 아픔과 섞여서 희미한 걸음의 찍히지 않는 발자국 위에, 아무도 찾아오지 않는 간이역의 하늘 아래 나는 서 있다.

율촌역은 우리나라에선 보기 드문 건축양식을 보인다. 순천의 원창역과 더불어 우리나라 단 두 곳에서만 볼 수 있는 이국적인 목조 단층의 형태를 지니고 있다. 대합실의 지붕이 가장 높고 다음으로 역무원실과 숙직실의 순으로 지붕이 미끄러지듯 흘러내리는 전형적인 남방식 건물이다. 지붕의 기울기는 그리 급하지 않아서 완만한 흐름의 물매를 간직하고 있는 것이 남도 사람들의 유순한 성격을 보여주는 것 같다. 손 뻗으면 닿을 것 같은 추녀 끝 너머 뭉게구름이 피어오르더니 굵은 빗방울이 후두둑 떨어지기 시작한다. 빗방울은 유리창에 반사되는 건너편 파란 하늘을 금시로 산산 조각 깨트린다.

처마 밑에 서서 지붕에 떨어지는 빗소리를 듣는다. 지붕의 높은 곳과 낮은 곳을 번갈아 두드리는 빗방울 소리가 알레그로 콘브리오로 흐르다가 마침내는 비바체로 때린다. 소나기가 지나가기를 기다리며 물끄러미 발등을 내려다보고 있는데 떨어지는 빗방울과 발등 위로 튀어 오르는 빗방울 사이에 순간 머무는 허공이 문득 보인다. 움직이는 것들의 순간은 저 허공인가. 내가 여기 잠시 머물렀다 가는 것도 덧없는 일은 아닌지. 다시 귓속이 아파온다. 나의 허공이 떨어지는 곳을 짚어주기라도 하듯 뚝뚝 징검징검 떨어지는 빗방울의 무게를 나는 또 어떻게 이해해야 할까. 운무가 피어오르는 추녀 끝의 높이를 헤아려보는 눈빛이 가지런히 빗물에 젖는다.

점점 세어지는 빗방울들을 피해 대합실로 들어간다. 문이 잠겨있다. 다시 보니 출입금지라는 문구가 씌어있다. 창문을 통해 안을 들여다본다. 시간표는 아직 그대로 붙어있다. 목포행 상행선 7시 28분, 여수행 하행선 18시 45분이라는 글자가 뚜렷이 눈에 들어온다. 눈에 들어오는 것은 글자만은 아닌 것인지 금방 눈이 시큰해진다. 저 시간표 사이를 달렸던 것은 아침저녁의 통근열차였을 것이다. 통근열차, 학창시절부터 성인이 되어 직장에 다니던 시절에 이르기까지 얼마나 친근한 이름이었던가. 통근 열차는 언제나 붐볐다. 사람이 너무 많이 타서 그런 것만은 아니었다. 아침 열차는 학생이나 직장인들뿐만 아니라 인근 오일장으로 채소나 과일류, 갖가지 물건을 팔러 다니던 사람들로 활기가 넘쳐났다. 서로 누가 누구인지는 몰라도 시선끼리 부딪힐 때 말없는 안부와 친분을 묻고 나누는 눈인사들로 차 안은 만원이었다.

어쩌다 열차가 연착이라도 하는 날이면 간이역의 문짝은 어찌나 자주 덜컹거렸는지, 아무도 묻지를 않았는데 무엇을 그렇게 대답하려는 것인지 자꾸만 혼자 흔들렸다. 이제 그 문짝은 아무런 대답이 없다. 소나기가 그치고 승강장엔 시원한 습기를 품은 공기로 가득하다. 건너편엔 상 하행 다음 역을 가리키는 이정표가 나를 향해 서 있다. 저 이정표와 나는, 오지 않는 열차를 기다리는 우리가 서로 다른 방향에 서서 정작 기다리는 것은 무엇인가. 이렇게 기다리는 동안 우리의 눈물은 너무 늦게 찾아온 서글픔으로 쓸쓸하게 말라간다. 서로 다른 방향에서 오는 것이나 떠나는 것이나 모두가 같은 것임을 이정표와 나는 왜 모르는 것일까.

순천 방향에서 객차가 들어온다. 반가운 마음에 렌즈를 들어 열차를 카메라에 담으려는데, 어, 커다란 기관차가 자신보다 짧은 객차를 달랑 한 칸을 끌고 오는 것이 아닌가. 내 40mm 준 광각 렌즈는 저 짧은 열차에겐 너무 화각이 넓다. 좀 더 가까이 다가가자 빠앙-, 내게 경고음을 울리고 내가 놀라 움찔하는 순간 열차는 시야에서 사라져버리고 만다. 그래, 잘된 일인지도 모른다. 꼬마열차는 내 추억의 덫을 피해갔다. 언젠가 내가 찍은 흑백 사진들을 벽에 걸어놓고 물끄러미 쳐다본 적이 있다. 그때 사진 속에서 울부짖는 어떤 비참한 소녀의 눈동자를 나는 견딜 수가 없어서 그 사진을 내려놓고는 지금까지 바라보지 못한다. 저 무참하게 짧아져버린 열차를 카메라에 가둘 수는 없다. 내 카메라에 갇혀서 자신의 과거로 어느 누구의 미래에 저항할 것이다. 내겐 그것을 견딜 능력도 인내심도 없다. 내 사진의 대상들은 내가 홀대해온 것들로서 가까이 놓고 언제라도 어루만져주고 위로해주고 싶은 연약한 것들이다. 연약한 것들은 내게 속죄의 시간과 공간을 부여한다. 그러나 터무니없이 짧아져버린 열차는 모질게도 텅 비어버린 자신의 과거로 그 시공을 가득 채울 것이기 때문에 나의 시간은 그만큼 미루어질 것이고 나의 시간 속으로 뛰어드는 낯선 하루를 나는 다시 견딜 수는 없을 것이다.

율촌역 · 177

열차가 사라진 곳을 멍하니 바라본다. 그렇게 바라보다 휑하니 비어가는 눈 속을 여름의 햇살이 푸른빛으로 채운다. 문득 사방의 푸른빛을 피해 담장을 슬그머니 넘어오는 빨간 넝쿨장미 한 송이가 흠칫 놀란 듯 흔들린다. 오. 눈에 익은 빛깔이다. 고등학교 시절 학교 근처에서 자취를 하던 어느 여름 밤, 학기말 시험 공부를 하느라 책상 앞에 앉아있다 잠시 쉬기 위해 기타를 집어 들었다. 뚜아에 무아, 박인희와 이필원이 불렀던 〈그리운 사람끼리〉를 아르페지오 반주로 조용하게 불렀다.

그때 어디선가 내 노래에 화음을 맞춰 부르는 소녀의 목소리가 들려왔다. 앞집 창문에서 들려오는 것이었다. 소녀의 창문과 내 창문은 엇갈려 있었고 그녀의 집과 내 방은 담 없이 밀착되어 있어서 사람이 그 사이로 들어가 들여다볼 수도 없었다. 그 이후로 나는 밤마다 그 시간이면 기타를 들었고 우리는 서로 얼굴도 모른 체 함께 노래했다. 소녀는 목소리가 참으로 예뻤다. 날이 갈수록 그녀가 궁금해졌다. 그러다 어느 날부터 그녀의 노래가 끊겼다. 그녀의 창 밑엔 넝쿨 장미가 뻗어와 힘없는 꽃 한 송이가 피어있었고 커튼은 내려져 있었다. 그리고 며칠 후 편지 한통을 받았는데 아버지가 먼 곳으로 발령이 나서 부모는 먼저 떠나고 자신은 여름 학기가 끝나는 날 저녁 열차로 떠난다는 내용이었다.

나는 그날 하교 후 역으로 달려갔다. 저녁노을이 핏빛처럼 물든 플랫폼에 열차가 들어오고 있었다. 석양을 등진 누군가가 장미꽃을 흔들며 서 있었다. 아니 앉아있었다. 그리고는 열차에 오르는 순간, 아, 나는 눈을 감아버렸다. 소녀는 유아기 때 다리의 성장이 멈춰버린 것이었다. 방금 전 꼬마열차가 뒤뚱뒤뚱 황급히 사라져간 플랫폼엔 서산의 그림자가 벌써 붉어졌다. 내 발치까지는 흘러내리지 못하고 끝내는 멈춰버린 말없는 산의 그늘 속으로 몸뚱이가 잠겨 들어간다.

역사의 대합실 앞엔 이국종 사철나무 두 그루가 근위병처럼 서 있다. 저 이국종 나무가 지키고 있는 것은 무엇일까. 이국풍의 역사와 이 두 그루의 낯선 사철나무가 간직하고 있는 비밀은 무엇인가. 우리나라 도처에서 토종 식물들을 몰아내고 그 자리를 이국종 식물들이 차지하고 있다. 이국종 식물들은 뿌리가 무척 튼튼하고 발달해있다. 땅속으로 뻗는 것도 부족해서 땅 밖으로까지 얼키설키 뿌리를 내밀고 있는 것들을 종종 볼 수 있다. 그것은 어쩌면 낯선 토양에 적응하며 번식을 유지하기 위한 살아있는 것들의 본능일 것이다. 그러나 그들의 본능은 때로는 노스텔지어와도 같은 것이어서 그들의 조상이 떠나온 고국의 하늘을 향해 뿌리를 흔들고 있는지도 모른다.

그 옛날 일제강점기 시절 이곳 남녘의 철길을 따라 수많은 젊은이들이 남양으로 징병이나 징용으로 끌려갔다. 그들은 바다 건너 돌아가지 못하는 고국의 하늘을 바라보다 발가락이 뿌리처럼 자라지는 않았을까. 그들을 따라 바다로 흘러간 철길은 돌아오지 않는다. 다만 저 이국종 나무의 뿌리가 하나 더 뻗을 때마다 뒤에 남은 간이역 승강장의 녹슨 철로만이 꿈틀거리며 한 번 더 구부러질 뿐이다.

한 칸짜리 객차가 지나간 후로 여객 열차는 좀처럼 오지 않고 옛날 누군가 앉았다 간 의자에는 먼지만 쌓인다. 나는 조심스럽게 의자에 앉는다.

얼마나 긴 시간을 태양의 빛이, 달빛이 그리고 별빛들이 앉았다 갔을까. 그것들의 흔적을 더듬는 내 딱딱한 엉덩이의 감각 밖으로 흙먼지는 다시 쌓이고 나는 문득 서럽다. 나를 향해 작은 새가 앉아 우는 돌은 딱딱해서, 새의 눈물도 딱딱한 것이어서, 그렇게 딱딱하게 우는 새의 맑은 눈동자도 결국은 깜장 깨알만큼 작아지는 것이어서 내가 산새만큼 동그래진 눈을 뜨고 짧게 바라보는 풍경들은 그만큼 내게서 멀어진다. 그렇게 멀어져서 가늘고 약해 보이는 가로등이 최소한의 불빛으로 밝혔을 자신의 키의 높이가 그리워진다. 그 위로 넘어가서는 저기 산등성이 너머로 떨어졌을 달의 창백함이 더 그립고, 이 그리운 것들을 못내 그리워하는 나의 가냘픈 마음이 몹시 아픈데 파란 하늘은 왜 희미해지는 것일까. 새들이 수없이 앉았다 간 돌을 사람의 마음으로 아무리 궁금해 해도 오롯한 침묵을 견뎌온 속내를 어찌 보여줄 것인가만 나는 수십 년 감춰온 돌의 침묵을 역사의 처마 밑에 어룽지는 그늘로 읽고, 그것이 다 돌 위의 작은 새나 나나 보누 궁금해 했던 것임을 알아차린 후에야 나의 그늘은 내 몸뚱이를 멀리 떠나간다.

화물열차가 또 지나간다. 열차가 돌아가는 곳 건널목에 자동차들이 기다리고 있다. 건널목엔 기차의 길과 자동차의 길이 함께 있다. 그러나 자동차의 길과 기차의 길은 대립할 뿐 화합하지 않는다. 두 길은 언제나 직각으로 대립함으로써 공존한다. 건널목을 기차가 지나가고 자동차는 혼자가 된다. 자동차를 가로막았던 바리케트가 천천히 올라가고 자동차는 투덜거리며 건널목을 지나간다. 한때 기차역이 차용했던 그리움, 만남, 사랑, 이별 같은 단어들은 이젠 자동차의 몫이 되었다는 뜻이다. 그러나 자동차에 탄 사람들은 추억을 버거워한다. 자동차의 바퀴가 지나간 자국 아래는 사람들이 버린 추억들이 깔리고 오늘도 사람들은 그것들을 지우기 위해 자신들이 지나 온 길을 맹렬한 속도로 달린다.

건널목 바닥을 유심히 바라본다. 기찻길은 알아볼 수 없을 만큼 좁아졌고 어두워진 공기가 그 사이사이를 메우기 시작한다. 이제 이 검은 시간을 노래할 누군가가 와야 할 것이고 나는 우연히 이 자리에 섰다. 내가 대립하고 공존해야 할 시간이 오고 있는 것이다. 내게 있어 이제까지의 추억이란 말은 거짓이다. 오래전에 겨버린 밤꽃의 비릿한 향내가 산모퉁이에서 흘러내리고 나의 후각은 쉽게 지치고 만다. 나는 다만 서둘러 싫증나는 것들을 추억이라 부르고 싶을 뿐이다.

동촌역과 반야월역

달 뜨는 역에서 태양을 기다리다

아침 일찍 일어나 창문을 연다. 하늘에 구름 한 점 없다. 문득 정신이 광활한 우주 속으로 빨려 들어가 머릿속이 텅 빈 것 같다. 아무런 생각이 떠오르지 않는다. 책상 위에 놓인 카메라에 눈길이 닿고서도 좀처럼 기억을 찾을 수 없다. 가끔 이런 때가 있다. 예상하지 못했던 상황이 갑자기 찾아왔을 때 나의 정신은 공황 상태에 빠져들곤 했다.

어젯밤 TV 일기예보는 오늘 전국적으로 많은 비가 올 거라고 했다. 한동안 방안을 서성이다 하늘을 쳐다본다. 하늘이 거울 같다. 멍하니 눈동자를 풀어 하늘을 들여다본다. 낯선 얼굴이 하나 보인다. 내 얼굴이다. 지금까지 얼마나 오랫동안 얼굴을 쳐다보지 않고 살아왔는가. 얼마나 이름을 잊고 지내왔는가. 언젠가부터 내 자신에 대한 믿음은 어디에도 뿌리내리지 못하고 가을 꽃이 지듯 쉬이 떨어져 부패했다.

해가 뜨면 우리 집 나무들은 꽃인지 낙엽인지 모를 상처로 얼룩진 그늘을 유리창에 드리우고 나는 상처를 잊기 위하여 부질없는 희망에 기대 통속적인 믿음의 싹을 틔워 푸른 하늘을 오염시켰다. 그리고 우리 집 하늘은 늘 찌푸리고 비가 내렸다.

오디오를 켠다. 손이 가는대로 디스크를 하나 뽑아 턴테이블에 걸고 바늘을 내린다. 방안 가득 자욱이 안개가 피어오르고 파도 소리가 넘실거린다. 멘델스존의 서곡 〈헤브리데스, 핑갈의 동굴〉이다. 일렁이는 파도가 기억의 측은한 부분을 깎아 여기저기 동굴을 만든다. 동굴에선 물새들이 날아올라 어느 먼 바다의 전설을 들려주듯 운다. 그렇다. 오늘 대구선과 동해 남부선을 따라 밤의 간이역을 만나러가기로 했다. 떠나자.

무엇을 얻기 위해 가는지, 무엇을 잃어버리려 가는 것인지는 나도 모른다. 떠나기만 하면 된다. 모든 것은 카메라 한 대와 볼펜 한 자루에 맡기고 무작정 경부선 하행 열차에 몸을 싣기만 하면 되는 것이다.

동대구역에서 내려 동촌역까지 걷는다. 지금 나와 동행하는 것은 오래된 라이카 카메라다. 나와 나이가 비슷해서 눈도 희미하고 심장도 느려져서 병원에 다녀온 적도 여러 번 있는 이 구닥다리 카메라는 노출계도 없고 셔터 속도의 구분도 지금의 것과는 다르다. 거리계창과 구도를 잡는 창도 따로 있어서 한 컷을 찍는데 몇십 초가 걸린다. 완벽한 노출로 초당 몇 컷을 찍어주는 현대식 카메라에 비해 불편하기 그지없다. 그런데도 나는 왜 이런 카메라를 들고 다니는가. 내게 사진을 찍는 일이란 만나는 대상과 나누는 은밀한 대화를 기록하는 일이다.

필름을 잘라내 스풀에 감아 카메라에 장전하고 조리개를 맞추고 거리를 맞추고 구도를 잡는 동안 피사체와 나 사이엔 많은 이야기가 오고간다. 이때 대상의 표정도 내가 맞추는 노출로 결정된다. 이들은 파인더 안에서 때로는 경외감으로 다가오기도 하고 때로는 몽롱한 환상으로 물러서기도 한다. 오늘날의 자동카메라는 대상을 몇십 부분으로 분할해 반사광을 측정하여 적정한 노출로 찍어준다. 누가 찍든 노출이 완벽한 사진을 만들어준다. 이러한 과정은 순식간에 이루어진다. 몇천 분의 일 혹은 몇만 분의 일 초까지 순간을 잡아내는 현대의 카메라는 대상에게 다가가기 전 시간·공간적으로 나를 그들로부터 차단시켜버리는 것이다.

내가 찍는 사진들은 재미나 매력이 없는 것들이다. 극적인 사진이나 활동적인 사진들이 없다. 사진 속에서 대상이 소리치거나 말을 걸어오는 사진이 없는 것이다. 대상이 내게 다가오기 전에 내가 먼저 그들에게 다가간다. 따라서 내 사진 속 대상들은 다소곳하다. 수줍어하고 움직임도 없다. 언제나 그 자리에 있다. 나는 그들을 따스한 눈길로 어루만질 뿐 해석하지 않는다. 대상이 갖는 객관적 사실은 나의 인식의 배후인 보편적 주관에 저항하지 않고 그저 순응한다. 그러므로 나의 사진엔 결정적인 순간이란 게 없다.

그들은 끈기 있게 나의 슬픈 눈길을 기다리다 어느 한 찰나 가여운 과거로서 현재와 미래에 저항하며 기억 속에 어룽거린다. 지금 저 감나무 잎이 흔들리는 소리도 그것이 바람의 노래이든 울음이든 순간 지나면 모두가 가여운 유혹이어서 나의 미래는 이들 앞에서 설렐 뿐이다. 소나기가 한줄기 쏟아진 하늘엔 붉은 구름떼가 어디론가 몰려간다. 마음은 구름을 따라가고 걸음은 길바닥에 고인 빗물 웅덩이 위를 조마조마 떠간다.

소나기 그치고 구름이 지나가네
비 뿌리지 못한 탁한 마음들
그들의 행렬 속으로 들어가
길바닥에 고인 물에 얼굴을 비춰보네
깊어라 얼굴 안은
내가 가야 할 길이 보이지 않는다
길가의 미루나무와
얼굴을 바꾸고
몸을 바꾸고
기억을 나란히 한다
밑둥을 받치는
단단한 추억의 발목을 풀어
미루나무 줄기를 따라 내려가는 곳

거기
희망이 나를 껴안는 곳에서
쉽게 지치고 마는 걸음의 허술함이란

한참을 걸어 동촌역의 광장에 들어섰다. 고풍스런 역사가 저만치 물러난다. 동촌역은 동대구에서 포항으로 가는 대구선의 첫 번째 역이다. 거대한 도시의 한복판에 있는 역이지만 한적한 시골 역에 온 느낌이다. 1930년대에 지은 역사가 지금까지 원형을 유지하고 있기 때문이다. 카메라를 들어 역사의 전면을 한 컷 담는다. 렌즈를 통해 보이는 동촌역은 현재의 모습으로서가 아니라 그것이 갖는 우리의 건축사적인 의미와 함께 우리 선조들의 삶과 애환의 증인으로서 그 모습을 드러낸다.

내게 카메라의 렌즈는 화각이 갖는 물리적 한계를 벗어나 대상의 과거와 현재 미래까지 조망하는 특별한 도구이다. 맞배지붕의 한가운데가 삼각형으로 돌출한 박공벽이 고전적인 운치를 더한다. 1930년대 이전의 우리나라 모든 역들은 이런 형태다. 지금은 대부분 사라지고 중앙선과 대구선 동해남부선 경전선 등에 일부 남아있다. 특히 동촌역의 박공은 사람 인人자 형태를 이루고 있다.

두 개의 면이 서로 밀며 떠받치는 물리적 기능 너머 두 개의 지붕이 서로 의지하며 이루는 안정된 물매는 다분히 인간적인 것이어서 지붕을 타고 흘러내리는 빗물은 중력에 의한 단순한 물의 흐름이 아닌 핍박받던 설움의 시대, 흘러간 한 시대의 모습을 오늘날까지 구체화 시켜주고 있다. 두 맞배지붕이 의지하는 각도는 그걸 바라보는 사람 마음면의 기울기에 따라 저마다 향수로, 눈물로, 그리움으로 가슴에 흘러내렸다. 등록문화제로 지정된 저 낡은 역사는 새로운 시대 인식의 배경으로 어떤 실험적인 성과를 거둘 것인지, 우리 문화의 근본인 고난과 한을 극복하는 역사의 장으로 남기를 기대한다.

몇 년 전까지만 해도 포항행 객차와 화차들이 즐비하게 서 있던 대피선들은 벌겋게 녹슬고 침목들 사이사이엔 망초들이 높이 자라 역무원이 떠나간 폐역의 주인으로 방문객을 맞이한다. 넓은 플랫폼은 한낮인데도 어둡다. 망초들이 옛 기억을 불러와 터뜨리는 희미한 울음 같은 꽃들 때문은 아닐까. 망초는 우리의 토종 식물이 아니다. 구한말 나라가 기울 무렵 쓰러져가는 담 밑이나 가옥들의 마당에 언젠가부터 슬그머니 자리를 차지하고 함부로 자라기 시작했던 잡초로 당시 우리나라에 들어오는 서양인들의 옷이나 소지품에 묻어 들어온 것이다. 이국종 잡초의 억센 뿌리는 집요하게 망국의 국경을 넓혀나가 지금은 전국 어디에서도 흔하게 볼 수 있다. 객차와 역무원이 떠나간 이곳 플랫폼에도 한창 꽃은 피었으나 그 어두운 화조畵調는 폐 역사를 더 우울한 것으로 만든다.

레일과 침목들은 이 우울한 화조로 인해 떠남과 기다림이라는 의미원意味原으로서의 조화가 무너진 채 각각 뼈아픈 기다림으로, 피맺힌 그리움으로 벌겋게 녹슬어 어쩌다 화물차라도 한 대 지나가면 한의 몸부림처럼 이들은 스스로 몸을 떨어서 나직이 운다. 그러나 내게 이 울음은 편안한 쓸쓸함으로 다가오는 것이어서 그동안 수없이 찾아 헤맨 폐역들에 대한 추억들처럼 이 역 또한 내게 특별한 기억을 요구하지 않고 그것을 특별한 것으로 기억하게 하는 특별한 평범성을 요구한다.

플랫폼 중앙에 흰 역명판이 서 있다. 기차도 떠나가고 사람도 떠난 곳에 홀로 남아 쓸쓸히 가리키는 것은 무엇인가. 동대구—동촌—반야월, 열차가 달리면 한숨에 달릴 수 있는 거리지만 이젠 영원이 도달할 수 없는 것이기에 아무런 의미가 없는 문자로만 서 있다. 사라진다는 것은 그 자체로 영원한 소멸이 아니다. 존재의 질서 중에서 마지막이자 시작이다. 어떤 장소에서 그것이 차지하고 있던 참모습은 그것을 기억하는 사람들의 정신 속에서 정경으로 존재가 시작된다. 아무도 찾지 않는 폐역의 절대 고요는 역명판 아래 그 옛날 우리네 형 누나들의 설렘, 기다림, 근심 같은 표정들을 간직하고 사람들의 기억 속에서 한 세상을 살아갈 것이다.

녹슨 철길을 따라 역명판이 가리키는 곳을 향해 천천히 걸음을 옮긴다. 반야월, 세 글자가 가리키는 곳으로부터 수없이 조각달은 떴을 것이고 폐역사의 지붕은 달에게 잔등을 받쳐주며 숨죽였을 것이다. 그 숨죽임이 하늘에 닿아 달은 고요한 생을 살다 갔을 것이다. 달뜨지 않은 밤이면 하늘은 그렇게 숨죽이다 파랗게 멍들고 손톱 위에 뜨던 초승달이 그리움이라는 것도 이곳에 와서야 알았다.

두 줄기의 철길이 발등을 적시며 고요히 흐르기 시작한다. 이 샛강은 봄 속 어디까지 흐를 것인지, 잠긴 대합실의 문밖에 서성이는 어스름은 어떻게 데리고 함께 흐를 것인지 저 폐역의 마지막 증언자인 역명판은 말이 없다.

동촌역에서 나와 반야월역을 향한다. 반야월半夜月, 반달을 의미하는 이 말은 내게 특별한 의미를 갖는다. 어릴 때 할아버지의 방엔 유성기와 많은 SP판들이 있었는데 집안에 아무도 없으면 태엽을 감고 이 판들을 걸어 판소리나 가요를 듣곤 했다. 그 시절의 노래들은 왜 그리 슬펐는지.

지금 내 성격이 우울한 것도 그때의 영향인지도 모른다. 그 판들에 실려 있는 대부분 노래들의 작사자 이름이 반야월이었다. 반야월은 추미림, 남궁녀, 금동선, 박남포 등의 다른 예명과 함께 마산 출생 박창오의 예명임을 훗날 알게 되었다. 1930년 전국 콩쿨대회에서 1등을 한 것을 시작으로 현재까지 5000여 편이나 되는 노랫말을 지었고 진방남이란 또 다른 예명으로 가수로서도 수많은 히트곡을 낸 음악인이다.

함지박을 엎어놓은 것 같은 앞산에 달이 떠오르면 나는 알 수 없는 그리움과 슬픔에 잠겨 그의 노래들을 불렀다. 반야월은 이름을 초월하여 내 비린 시간 속에서 막막한 공간으로 머물렀고 한 번도 만월까진 이르지 못했다. 가끔은 난감한 달이 그의 공간을 벗어나 함부로 나를 따라와서 곁에 눕기라도 하면 내 조그만 방은 동그랗게 부풀어 올랐다. 그러면 뒷벽 창문엔 숭숭 구멍들이 뚫려 융숭한 바람이 방안을 엿보다 가고 어슴프레한 이마에선 신열이 무성하게 자라 추운 방안은 후끈 달아올랐다. 이제 나는 다시 먼 길을 돌아와 그의 또 다른 공간인 반야월역으로 들어간다.

아, 반야월역이다. 이곳이 내 유년의 기억 한 떼기를 섭정하던 그 막막한 공간이란 말인가. 방금 전에 들렀던 동촌역과 흡사한 분위기다. 박공지붕의 건물 형태도 그렇고 벌겋게 녹슨 철로 사이에 무성한 잡초들도 그렇다. 조각달이 역명처럼 걸렸을 추녀 끝도 그냥 빈 하늘이다. 누런 햇빛 속으로 비행기가 날아오른다. 비행기가 날아오른 하늘에 기찻길이 새로 생긴다. 비행기가 지나간 흔적은 기차가 멈춘 이곳 사람들의 가슴에 마음의 철길로 끊임없이 흐를 것이다. 흐르는 것은 시간 속에 머문다. 그러나 이곳에 대하여 실재하지 않는 나의 추억은 머물 과거를 잃어버린 채 비행기가 서늘한 옆구리에 남긴 두 줄기의 깊은 자국을 따라 어느 미래의 어두운 루프터널을 돌아 올라가고 나는 또 덜거덕거린다.

이 역이 의미하는 추상적 추억은 내게 아무것도 말해주지 않고 일방적으로 다가가게 하는 것이어서 음울한 교훈처럼 걸려있는 낡은 역명마저도 그 아래서 나의 싱싱한 영혼을 그렇게 덜거덕거리게 한다. 먼지 쌓인 의자에 오랫동안 앉아있다 일어선다. 그리움에 관하여 관절이 앓는 듯 무릎에서 무슨 소리가 들린다. 낯선 간이역에서 무작정 기다릴 때 낡은 문짝이 바람에 흔들리는 소리도, 나무의자가 삐걱거리는 소리도 누군가 잃어버리고 간 그리움의 뼈마디가 꺾이는 소리다. 간이역에서 기다린다는 것은 뭔가를 잃어버리는 일이다. 그러므로 잃는 것이 두려운 사람은 간이역에 가지 말 일이다.

204

송정역
불투명한 내일로부터 쫓겨난
어둠의 피난처

오래된 도시에 어느덧 음습한 어스름이 깔리기 시작한다. 동대구역을 출발하는 해운대행 막차에 올랐다. 열차는 영천을 거쳐 동해남부선을 따라 달린다. 창밖은 이미 어두워졌다. 열차가 산모퉁이를 돌아가는지 한쪽으로 기울며 흔들린다. 직선으로 혹은 구불구불 곡선으로 돌아가는 열차는 사람들에게 어떤 사연과 추억으로 기억된다.

열차는 정작 사람들에게 행한 것이 없다. 그들 스스로 체험하거나 체득한 것들이 기차라는 의미문자로 현상되는 것이다. 그러나 산의 계곡을 따라 달리는지, 바닷가를 달리는지 알 수 없는 밤의 열차 안에선 사람들은 직선의 속도도, 곡선의 그리움도 아닌 그저 덜커덕거리는 객관적인 무지의 주체일 뿐이다. 아무것도 내다보이지 않는 흔들리는 야간열차에 앉아 좌선하는 승려처럼 번뇌와 망각의 끝없는 길을 왔다 갔다 하는 것이다. 그렇게 흔들리며 어느 한 가지를 초월했다고 해서 어느 한 가지를 얻은 것이 아니다. 동해남부선의 직선과 곡선이 갖는 차별성을 극복할 때 비로소 자신의 고요한 마음의 호수에 이르게 된다. 호수의 모습은 누구에게나 한 가지 형상이지만 거기에 비치는 자신의 모습은 갖가지여서 지금 창밖에 떠 있는 일그러진 달은 잔잔한 마음의 호수에 반사되어 잃어버린 내 유년의 얼굴로 다시 떠오르고 완행열차에 머무는 시간 속으로 나는 달려간다.

송정역 · 207

밤을 새워 달려온 열차의 차창엔 이슬이 맺혔다. 손가락을 들어 흐린 유리창에 그리운 이름을 쓴다. 이 낙서도 아침의 태양이 떠오르면 눈물처럼 흘러내릴 것이다. 흘러서 흔적 없이 사라질 거라면 물먹은 달이나 아롱지게 그대로 뒀어야 했다. 홀로 떠나온 밤이 슬픈 여행객은 손수건을 꺼내 창문을 닦는다. 막차 안에선 모두가 슬픔인데 이 창에나 저 창에나 어둠은 퍼붓고 드문드문 앉아있는 승객들의 이마엔 창백한 별빛이 떨어져 졸음 깊은 눈꺼풀 사이마다 파리하게 빛난다. 습기 찬 밤공기에 기차가 한때 뜨거웠던 청춘을 묻고 울고 또 운다. 그래, 울자. 너나 나나 나이 들어 상처 난 자국은 다 같은데 녹슨 철길에서 녹슨 인생길에서 울다 울음이 헛웃음이 될 때까지 함께 우는 거다.

송정은 가까워오고 기차는 다시 조용해진다. 잠을 청해보지만 잠이 올 것 같지 않다. 문득 내가 어디서 잘못 흘러온 빛이라는 생각이 든다. 칠칠구칠 칠칠구칠, 내 휴대폰 번호와 같은 열차가 달리는 소리는 어느 잠 안으로 나를 호출하는 것인지, 어느 흐릿한 별이 내 고단한 여정 안으로 들어와 눈 무르도록 글썽여줄 것인지 나의 잠은 환하기만 하다. 기차가 언덕길을 올라가며 바르르 떤다. 어깨가 따라 울리고 온몸이 울린다. 그렇게 울리다가 말갛게 익으면 오랜 잠을 잘 수 있는 것일까. 나는 의자 깊숙이 동그랗게 몸을 구부려 한 마리의 벌레가 된다.
본래 송정역이 오늘 여행의 종착지이지만 통과역이어서 해운대역까지 갔다가 버스를 타고 다시 송정역으로 왔다. 자정이 가까운 시각이다. 사방은 조용하고 역사는 텅 비어있다. 밝은 형광등만이 홀로 역사를 지키고 있다. 내가 왜 여기에 왔는지, 언제까지 어떻게 머물 것인지 저 말 못하는 불빛과 이야기를 나누어야 한다. 인간은 인간의 언어로부터 해방될 때 원시의 감각의 소유자가 되어 초월적인 언어로 자연과의 대화가 가능하다. 저 형광등이 쉬리릭거리는 소리는 낯선 여행객의 어둠에 흠뻑 젖은 정신 속으로 스며들어온 외로움이 지친 영혼 아래 파르르 떠는 소리라는 것을 나는 안다. 이따금 갯바람이 대합실 문을 두드려도 나는 아무것도 대답해줄 수가 없다. 창문에 한창 흘러내리는 어둠과 별빛과 함께 나는 어디로 흘러가고 있는 것인지 가르쳐주는 듯 형광등은 한 번 더 쉬리릭거린다.

송정역 · 211

대합실에서 나와 플랫폼에 선다. 어디를 둘러봐도 어둠뿐이다. 나는 어둠에 갇혔다. 낯선 곳에서의 갇힘은 그곳에 대한 무관심과 겸손의 종착이다. 송정역에 대하여 체험한 것도 들은 것도 아무것이 없다. 미지의 세계를 향해 출발하는 기쁨 하나로 여기에 왔다. 이곳에 대한 나의 완벽한 무지는 고독한 설렘 하나로 충분히 보상받을 수 있는 것이기에 열차에 오르기 전까지 송정역에 대하여 아무것도 알아보지 않았다. 무엇에 대하여 무지한 것은 그것에 대하여 확신을 갖지 못한다는 것이다. 세상에 나서 가냘픈 몸으로 한세상을 살아가기 위해 내가 의탁할 수 있는 것이란 불확실성뿐이다. 내가 미래에 대하여 정보를 미리 가지고 있다면 나의 생은 얼마나 지루하거나 불안에 떨어야 하는 것일까. 미래에 대하여 아무 것도 모르는 채 한 걸음 한 걸음 내딛는 보폭은 얼마나 자유로운 것인가. 이 자유가 경망하고 측은한 것이라 하더라도 내밀한 고독과 결합할 때 나는 미지 세계의 주인이 되는 것이다.

어둠의 저편에선 상습적인 고즈넉함이 나를 유혹한다. 어둠은 현대도시가 만들어 낸 단조로운 풍경과 소음 근심 걱정 같은 것들을 그것의 관대함으로 덮어버린다. 내게 일상생활의 권태는 아침마다 떠오르는 한결같은 태양으로부터 시작하지만 가끔은 예측할 수 없는 장엄한 일몰이나 어스름이 주는 관능은 이 권태마저도 살아있는 기쁨으로 나를 황홀하게 하는 것이어서 지금 저 거대한 도시의 고즈넉함 안에 사나운 희망과 꿈이 숨겨져 있다고 해도 나는 기꺼이 이 달콤한 피곤함에 유혹당하기를 기다린다.

화물열차가 지나간다. 내게 석탄 같은 어둠을 배달하는 저 열차는 어디서 오는 것인가. 차곡차곡 쌓이는 이 경이로운 어둠의 한 페이지에 나의 현주소는 써놓지는 말았어야 했다. 어둠은 읽지 않은 잡지처럼 쌓인다. 단순한 독서만으로도 어슴푸레한 나의 존재에 대하여 파악할 수 있는 저 가로등은 복잡한 생각 위로 청보라 불빛을 흘려 한때 열광했던 기억마저 멀리서 들려오는 차디찬 흥분의 파도 위로 떠내려 보낸다.
나의 과거는 어느 애절한 동물이 즐기다 만 생의 연속이었고 미래는 늘 회의적인 것이어서 나의 현재는 불투명한 미래로부터 낙오한 절망들의 피난처일 뿐이다. 저 화물열차가 지금 내게 배달해주는 것은 내일에 대하여 텅 비어있는 예감이다. 이 예감 속에서 나는 시간을 초월하여 과거와 만난다. 꽃잎의 모양이 확실하지 않는 옛집 담 밑의 민들레, 얼굴이 떠오르지 않는 앞집 소녀의 창백한 종아리, 깊이를 알 수 없는 아버지의 미나리꽝, 언제나 비어있던 어머니의 장바구니 같은 어렴풋한 이미지들과 삼촌의 책에서 읽었던 난해한 문장들로 채워진 나의 과거는 정확한 직관이 아닌 흐린 몽상들이 미래를 향해 연약하게 울리는 공간이다. 이 울림은 아무것도 모르는 채 찾아와 서 있는 여기 송정에 대하여 터무니없이 공허한 것이다. 지금 또 지나가는 화물열차는 어쩌면 밝은 빛 아래서 만나게 될 오래된 역사와 낡은 철길과 휑한 바닷가와 붉은 등대와 모래와 그리고 무표정한 사람들과 부딪치는 나의 낯선 여행길의 방향을 알려주는 이정표인지도 모른다.

순서 없이 떠오르는 생각들을 이것저것 수첩에 정리하고 새벽 두 시가 지나 잠자리에 들었다. 늘 그런 것처럼 낯선 곳에서의 잠은 투명한 것이었다. 깜깜하던 방 안이 물체를 식별할 수 있을 만큼 환해졌다. 인간의 감각이란 모순투성이어서 종種의 우월성을 내세울 게 없다. 조금 전까지만 해도 시계視界는 제로였고 나는 방향도 없이 침대에 몸을 던져 뉘었다. 창밖에선 하루살이들이 불빛을 향해 날아든다. 하루밖에 살지 못해서 생명이라 할 것도 없는 것들이 생명의 마지막 시간이 빛나는 고통의 불빛을 향해 맹렬하게 날아든다. 저 허무한 것들을 위한 허공은 무엇인가. 내가 깊은 잠에 빠지든 창백한 불면의 창가에서 서성이던 세상에 단 하나 나만의 깜깜한 허공은 있는 것인가. 아무리 커튼을 고쳐 쳐봐도 방 안은 더 이상 캄캄해지지 않는다. 오늘날 인간의 세계엔 처음 순수한 빛이 탄생한 절대 암흑이 존재했던 허공은 사라졌다. 음울한 몽상의 배경으로서의 암흑이 그 자리를 차지했다. 희멀건 세상의 광휘가 주는 불면은 인간의 유전자를 가진 우월한 동물로서 인간이 누릴 수 있는 우월한 폐허일 뿐이다. 불을 켜고 침대에서 내려와 방바닥에 앉았다. 겨울잠을 자는 동물처럼 짐승의 자세로 몸을 웅크린다. 몸이 점점 가벼워지고 방이 물방울처럼 떠오른다. 천장의 전등이 둥근 만큼 내가 둥글고 그만큼 방안은 나만의 허공으로 아늑해진다. 다시 불을 끈다. 파란 조명등의 잔상이 천장에서 별빛처럼 반짝인다. 나는 지금 바닷가에 누워 밤하늘을 쳐다보는 것이다. 망막에 부딪쳐오는 것들은 잠의 가장자리를 철썩이는 공허한 파도가 되어 나의 잠 깊숙이 밀려온다.

휴대폰의 알람소리에 눈을 떴다. 커튼을 젖히고 밖을 내다본다. 여행지에서의 첫밤은 낯선 풍경에 내던져지는 나의 존재에 대하여, 그 경이로운 풍경의 변화에 대하여 어떻게 대처할 것인지 나 자신에게 진지하게 묻는 시간이다. 그 시간 만큼은 나는 미학도이거나 철학자가 된다. 잠에서 깨어나 눈앞에 생경한 풍경이 펼쳐질 때 나는 일방적인 추억으로부터 벗어나 그냥 그 자리에 있는 것이다. 내가 왜 여기에 왔는지, 무엇을 보러 왔는지 일부러 생각하지 않아도 발걸음은 거기서부터 구체적인 출발을 하는 것이다. 주섬주섬 옷가지를 걸쳐 입고 밖으로 나왔다.

이곳이 처음인 나로서는 방향을 가늠할 수가 없다. 하늘이 훤한 방향으로 무작정 걸음을 옮긴다. 얼마 걷지 않아 땡땡 소리가 들리고 처음 보는 건널목에 열차가 지나간다. 열차의 창문마다 물끄러미 밖을 내다보는 사람들, 차단기 앞에 우두커니 서 있는 사람들의 표정이 하나같이 무표정하다. 그런데도 지금 나의 뼛속이 잔잔하게 울리는 것은 무엇 때문인가. 그래, 나는 그래서 여기 왔다. 옛집 울타리에 열리지 않는 감꽃만 잔뜩 피우던 먹감나무, 바람도 없는데 종일 서걱거리던 뒤뜰의 참대나무, 그들의 시시컬컬함으로, 서걱임으로 나의 어린 뼈는 잘게 떨고 몸뚱이는 무슨 악기라도 되는 듯이 울리곤 했다. 지금 나의 떨림이 그 해묵은 그리움으로 진저리치는 것은 아닌지 저 늙은 건널목지기에게 묻기 위해 나는 여기에 서 있는 것이다.

건널목 아저씨에게 인사를 건네자 낯선 왜래객을 반갑게 맞이해준다. 옛날에는 하루 종일 서서 차단기를 내리고 올리고 했는데 지금은 열차가

한 번 지나가면 두 시간을 기다려야 한다고 한다. 그것도 동해남부선이 이설되기 전까지의 이야기이다. 이 건널목이 없어지면 수십 년 동안 일해 온 평생직장도 그만 두어야 할 운명에 놓인 그가 껄껄 웃으며 말하는 억센 경상도 사투리 속엔 어딘가 서글픈 그늘이 감춰져 있다. 한 자리에서 평생을 바쳐 일한다는 것은 그 나름의 인생 양식과 철학이 있다.

배고팠던 시절 기차는 희망의 세계로 이동하는 유일한 수단이었다. 그 길의 고비 고비에 건널목이 있었고 그것은 기차의 길과 사람의 길이 만나는 곳이었다. 기차역을 구경하지 못한 사람들이나 기차를 가까이서 보지 못한 사람들에게 건널목의 땡땡땡 울리는 경고음과 우람한 철마가 씩씩거리며 지나가는 모습은 미래의 풍요에 대한 한없는 동경과 설렘 그 자체였다. 열차가 지나가면 철길뿐만 아니라 사람들이 발을 딛고 서던 그들의 길이 미묘한 울림으로 발목을 지나 아랫배를 지나 가슴까지 진동시킬 때 우리네 사람들의 지리멸렬한 인생길은 갑작스런 생동감으로 넘쳐났다.

건널목지기의 긍지와 신념으로 곧게 뻗치던 수신호는 언제나 미래를 향한 그리움과 설레임에 정당한 질서를 부여하였고 한 번도 그 질서의 배열에 있어 흐트러짐이 없었다. 그것은 그가 처음 이곳 건널목에서 일하게 된 이래 지금까지 보여 온 한 개인의 인생 양식이자 철학이었다. 나는 어쩌면 오늘 그의 마지막 모습을 보고 있는지도 모른다. 문득 화물열차가 쓸쓸한 그림자를 길게 끌며 그의 과거 속으로 달려간다.

건널목을 지나 5분쯤 걷자 바다가 나타났다. 소나무가 우거진 조그만 동산이 바다 쪽으로 벋어나 있다. 그 자락에 팔각형의 정자가 하나 보인다.

태양은 이미 떠올라 희미한 장막 같은 구름 속으로 모습을 감춘 후이다. 조금만 더 빨리 왔으면 좋았으련만. 바다에서 막 솟아오르는 해를 보지 못한 것이 못내 아쉽다. 수평선을 배경으로 붉은 등대가 선명하다. 해가 떠오른 바다가 아직 붉은 것이나 기차가 버리고 간 녹슨 철길이 붉은 것은 뒤에 남겨진 것들의 황폐함으로 이해 못하는 것은 아니지만 저기 저 등대가 붉은 까닭은 왜일까. 밤을 새워 비추던 뱃길이 혹여 시름의 길은 아니었는지. 그렇다. 분명한 것은 이곳에선 태양의 길이 철길이거나 뱃길이거나, 뱃길 철길이 태양의 길이거나 모두가 우리의 삶의 길인데 오늘의 붉은 상처 안에서 내일의 태양이 뜨는 것이라면 저 등대가 아무리 붉은들 무슨 상관이 있으랴.

등대의 발밑엔 떠남과 머무름, 바다와 육지의 팽팽한 대립이 첨예하게 맞서는 곳에서 이쪽도 아니고 저쪽도 아닌 균형자로서의 거대한 침묵인 파도만 쉼 없이 밀려왔다 밀려갔다 한다. 동해에 와본 사람은 안다. 단 한 번의 철썩임으로 이 침묵이 황홀하게 부서질 때 그리움이나 외로움 같은 우리 인간의 하찮은 감상은 한낱 물보라 속에서 얼마나 황홀하게 부서져 내리며 술렁이는가를. 작은 배 하나가 수평선을 향해 미끄러진다. 하늘과 바다가 만나 어떤 경건한 침묵을 모의하는지 모르는 작은 배는 미지의 이차원 세계로 진입하는데 그걸 바라보는 이 여행객의 마음은 어디까지 푸른 하늘이어야 하는지, 푸른 바다여야 하는지 알 길이 없다. 너무 푸른 하늘과 너무 푸른 바다는 몸에 해로운 것인가 보다. 가슴에 파란 멍이 들었는지 자꾸만 기침이 나온다. 송정의 바다를 떠나야겠다. 해안도로를 따라 걷다 샛길로 들어서는데 어디선가 슬픈 노래가 들려온다.

폐차장에서 들리는 소리다. 자세히 보니 크레인에 들려 올라가는 낡은 자동차 안에서 들려오는 것이 아닌가. 저 차를 버린 사람은 자신의 운명에 대하여 나직이 뭐라고 중얼거리는 엔진 소리를 들으며 이별에 대하여 수많은 생각을 했을 것이다. 오래된 사랑은 끝날 때 요란스럽지 않은 법이다. 달콤한 커피 한 잔이 한 모금의 슬픔일 때 슬픈 노래 한 곡 듣는 것으로 끝난다. 그렇게 그는 마지막 헤어지는 자동차에 테이프를 틀어놓았을 것이다.

이제 저 늙은 자동차에게 세상의 모든 길은 금지된다. 복잡한 도시의 길이나 한가한 시골 길과의 사소한 우발적인 만남도 허락되지 않는다. 저 기계의 영혼에겐 궁금증으로 가득 찬 드넓은 기억의 길이 허락될 것이다. 사람들은 폐차장 근처를 오며가며 늙은 자동차의 생에 대하여 생각에 잠기고 궁금증 속을 그들이 달려 온 길의 길이로 채울 것이다. 가끔은 자신들의 몸속에도 기계의 푸른 피가 흐르고 있음을 인식하며 의식 속에서 폐차의 생을 복원시켜 나갈지도 모른다.

그러나 나는 저 슬픈 노래 〈작별연습〉의 주인공에 대하여 생각한다. 한 순간을 스쳐 지나왔어도 그것이 서로에게 간절한 것이었다면 그것을 잊는 일은 물속을 들여다보듯 낯섦 속을 훤히 들여다보는 일 만큼이나 그리 만만한 것은 아닐 것이다. 훌쩍해진 눈을 뜨고 살아가는 길에서 만나는 것들에도 섭섭하지 않게 희미한 눈길도 주면서 어디쯤 가고 있을 그를 생각한다. 시장기가 든다. 허름한 국밥집으로 들어가며 문득 부산의 사진작가 최민식을 생각한다.

국밥집에서 밥을 먹고 있는 소녀 저 눈망울
아, 낯이 익다
최민식의 사진 그 고아소녀
소녀의 목에서 파란 바람이 인다
그녀가 가야 할 길, 그 길 위로 우리의 길 다 떠올라
아른아른 봄볕에 주눅 든 세월 떠메고 어딜 가는가
저 눈망울이 그걸 바라보나, 바라보고 있나
소녀의 눈빛 가는 곳
그녀의 어머니 그리고 또 다른 어머니들
검고 마른 다리 짚어 걸어갔던 길을 바라보고 있나
때로는 그 길이 지나던 우리네 강의 먼 흐름을 눈 안에 넣고
물기 많은 눈망울을 모래바람에 말리고 있는 것이냐

송정역 · 223

국밥집에서 나와 송정의 거리를 걷는다. 눈에 들어오는 것들이 조금은 익숙해져서 나 자신과 타자라는 이분법적 관계에서 벗어나 그것들의 속으로 나 자신을 대담하게 조합해가며 생경한 이름들을 내게 붙여보고 지어보기도 하면서 걷는다. 길가의 허술한 간판들이나 이정표가 만드는 각각의 의미 공간은 내가 살아온 길이나 살아갈 길로 재구성되는 것이어서 그것들의 이름을 이렇게도 읽어보고 저렇게도 불러볼 때 투명한 햇살이 내 발자국을 씻어 나를 인도하는 곳, 아, 거기에 오랜 친구처럼 낯익은 건물이 반갑게 고개를 든다.

송정역이다. 어젯밤 자욱한 어둠 속에 스스로를 자제하던 고요가 이곳의 기억을 집단으로 풀어 놓고 있는 것이 아닌가. 1941년에 지은 적당한 크기의 역사, 높지 않은 아담한 지붕 그리고 무엇보다 정다운 박공형의 물매가 단순함 속의 복잡한 희열로 가슴에 벅차오른다. 이걸 보기 위해 서울에서부터 이틀에 걸쳐 기차를 타고 여기에 온 것이다. 감미로운 느낌이 온몸을 포근하게 감싼다. 서늘한 한줄기의 바람이 이마를 스친다. 바람이 지나간 시간들의 아픔을 건드려서, 수십 년 간 내 안에 웅크리고 있는 어머니의 굽은 손마디를 툭툭 건드려서 울려내는 라벨의 〈밤의 가스파르〉 같은 신비한 음조의 파문이 온몸으로 잔잔하게 퍼져나간다. 또 그렇게 부전 행 무궁화호 열차는 고요히 플랫폼에 멈춰 선다. 열차를 따라온 얼룩진 외로움이랄까 밤의 그림자 같은 것들에게 문화재로 지정되어 한결 고결해진 오래된 역사는 어떤 연약한 그늘을 베풀어 그 안에 앉힐 것인지 생각에 잠기는 듯 사방은 아직 조용하다.

나주역

시간의 황무지에 서 있는 성스러운 폐허

나주역은 현역에서 은퇴했다. 1913년 보통역으로 개통하여 일제강점기 민족의 애환 한가운데 섰던 역은 고속철도의 개통과 더불어 영산포역과 통합해서 새로 지은 신나주역에 그 자리를 물려주고 역사의 뒤안길로 사라졌다. 사라진다는 것은 그 자체로서 독자적인 현상은 아니다. 그것이 지닌 사회적 기능이나 의미와 함께 소멸되었다고 해서 그 존재가 사라지는 것이 아니다. 존재의 소멸은 그것을 인식하고 기억하는 주체의 소멸을 의미한다. 그러므로 사람들의 기억 속에서 새로운 기능을 지닌 독립된 역으로 재탄생한 구나주역은 그들의 기억 속에서 시간의 순수한 황무지에 서 있는 성스러운 폐허로 존재하는 것이다. 오늘도 나는 달랑 카메라 한 대와 함께 송림동의 현 나주역에서 내려 그 성스러운 폐허를 향해 걷는다.

나주는 삼국시대 이후 호남의 요지로서 조선시대까지 목사가 상주했던 곳이다. 죽림동 로타리엔 옛 나주의 4대 성문 중 하나인 남고문南顧門이 아직 남아있다. 몇 세기가 지난 오늘날에도 이 오래된 성문은 나주의 모든 길들을 너그럽게 포용하고 자유가 흐르는 길의 굽이를 남도의 끝까지 흘려보낸다. 그 굽이는 유순하고 멋스럽다 못해 서러운 것이어서 임방울의 단가 〈호남가〉의 한 대목이 아니더라도 이 곳 길을 걸으면 〈육자배기〉나 〈흥타령〉 같은 계면조 한 가락쯤은 아무라도 흥얼거릴 수 있는 이유를 알 것 같다. 때로 남도의 계면은 슬프기보다는 흥겹게 들린다. 그 까닭은 고려의 건국 이래 푸대접 받아오던 이곳 사람들의 이승에서의 한이 다음 세상의 한풀이로 이어지는 변증법적 가락의 다양함에 있는지도 모른다.

나주역 · 231

그러나 서편제의 원조로 이 곳 출신인 조선말의 광대 김채만이 소리를 할 때 들고 있던 합죽선이 부스러지고 닳아 없어지도록 통곡하듯 땅을 치며 사람들에게 알리려 했던 것은 그들이 남도 가락의 이 변증법적 환상으로부터 깨어나 현실을 직시할 것을 간곡하게 바랐던 때문은 아니었을까?

남고문南顧問을 돌아 역전 거리를 걷는다. 길의 양쪽으로 낯선 건물 몇 채가 눈에 띈다. 검은 이끼가 지붕을 뒤덮은 일본식 건물이다. 오랜 세월이 지났으나 규모가 크고 박공이 독특해서 주변의 작은 한옥들과 쉽게 구별된다. 일제강점기 시절 지어진 저 건물들은 당시엔 권력과 부의 상징이었을 것이다. 일제가 망하고 반세기가 더 지난 지금 그것들의 실제 의미는 사라지고 오랜 세월에 풍화된 붉은 벽돌들이 쌓아올린 추상적인 이미지만 남아 서산으로 넘어가는 늙은 태양에 신비한 공포로 맞선다. 바다를 건너온 붉은 벽돌들 하나하나는 침묵이었다. 그것들이 서로 아귀를 맞추고 짜여서 하나의 벽을 이루었을 때 역사를 단절하는 날카로운 침묵의 소리를 우리의 한 세기는 속절없이 엎드려 들었던 것이다.

그중에서 우뚝 서 있는 건물 하나가 눈길을 사로잡는다. 1929년 광주학생독립운동의 원인을 제공했던 일본인 학생이 살던 집은 아닐까 하는 생각에 머릿속이 눈앞의 커다란 가옥이 던지는 음울한 이미지로 채워진다. 그 아랜 검은 그림자가 자라 무수한 생각의 꽃들을 피운다. 일본의 집들은 여러 개의 문으로 이루어져 있다. 문은 옆으로 밀고 당기는 것이어서 집 밖의 공간과 집 안의 공간이 서로 배척하지 않는 외부 문의 기능은 온화하고 중용적이다.

그러나 언제라도 하나로 통합될 공간을 임시 구획하고 있는 얇고 허술한 내부의 문은 그 기능이 적극적이다. 일본인들의 성격 또한 그들의 거주 공간과 무관하지 않아서 개인적으로는 친화적이다가도 여럿이 모이면 거친 공격성을 드러낸다. 지금 저 음울한 공간이 그 시대 우리 누나들의 아픔을 가두고 있는 시간의 감옥이 아니길 바라며 구나주역으로 발걸음을 재촉한다.

한 시대를 풍미했던 역전의 가게들은 기차역의 쇠락과 함께 운명을 같이 했다. 가락국수를 팔던 아주머니도, 담배 가게 아저씨도, 노모와 함께 붕어빵을 구워 팔던 박씨 아저씨도 보이지 않는다. 이들은 모두 어디로 갔는가. 간판은 떨어져나갔으나 몇 가지 물건들이 진열된 가게 하나가 남아있다. 반가운 마음에 안으로 들어갔다. 언제 팔다 두었는지 색 바랜 라면 봉지들이 쌓여있다. 허리가 구부러진 주인 할머니께 지나간 이야기며 이런 저런 이야기들을 듣다가 일어서니 진열대 위에서 음료수를 한 병 꺼내 마개를 따서 마시라고 권한다. 우리나라의 시골 인심은 아직 이렇다. 할머니가 하도 고마워 받아들고 단숨에 들이켜 마셨다.

병을 비우고 보니 병뚜껑에 무슨 숫자가 찍어있다. 유효기간이 3년이나 지난 음료수였다. 갑자기 속이 메스껍고 울컥 토할 것만 같다. 그러나 문득 원효와 의상대사의 이야기가 떠오르면서 뱃속 깊은 곳으로부터 분홍빛 숨결이 일어 온몸이 훈훈한 기운으로 차오른다. 음료수의 물리적 유효기간의 길이는 촌로의 정의 깊이에 이르지 못하고 먼 길을 돌아 내게 이르러 머릿속을 온통 살구꽃이나 앵두꽃으로 채운 것이다.

역전 모퉁이를 돌아가니 붕어빵집이 있던 자리엔 건강원 간판이 걸려있다. 6·25때 노모와 함께 북에서 피난 내려와 아직 젊은 나이에 체머리를 흔들며 풀빵을 굽던 박씨의 가게는 흔적도 없다. 한 평 남짓한 가게 안엔 나무 의자 서너 개와 탁자 하나가 전부였지만 특이하게도 사방의 벽이 영화 포스터로 도배되어 있었다. 포스터는 주일마다 바뀌었다. 가게는 언제나 중고등 학생들로 북적거렸다. 고소하고 바삭거리는 빵맛이 좋기로 소문난 까닭도 있었지만 정작 이유는 다른 데 있었다. 빵을 구우며 시종 체머리를 흔들던 박씨, 그의 입에선 구수한 영화이야기가 끊임없이 흘러나왔다. 영화는 주로 가게 안벽에 붙은 포스터의 007이나 서부활극이었는데 이야기를 어찌나 실감나게 하던지 실제 영화를 보는 것보다 더 재미있었다. 그는 언제 영어를 배웠는지 배우들의 꼬부랑 대사를 줄줄 외웠다. 손짓 발짓을 해가며 들려주는 그의 이야기는 규칙적으로 고요하게 흔드는 체머리의 리듬을 타고 듣는 이를 마성의 신비한 체험 속으로 안내하는 것이었다.

그의 이야기는 언제나 그렇듯 빵틀기계를 돌리는 속도보다 느리고 길어서 한 장면이 끝날 때가 되면 붕어빵은 몇 바퀴를 더 돌아서 타도록 구워지고 거무스레하게 탄 빵 맛은 참으로 일품이었다. 영화관 출입이 금지되던 당시의 학생들에게 붕어빵가게 박씨 아저씨의 인기는 대단한 것이었다. 지금 내가 기억하고 있는 숀코네리, 로저무어, 게리쿠퍼, 크린트 이스트우드 같은 외국 배우들의 이름도 그때 알았던 것들이다.

아침이면 표를 사려는 통학생들의 행렬이 대합실 밖까지 길게 이어지던 넓은 역 광장엔 농부가 한가하게 벼를 말리고 있다. 기차역의 광장은 차별이 존재하지 않는 평등의 공간이었다. 흙의 순한 기운이 다져진 광장의 땅 위에서 누구나 한결같은 단단한 열망에 두발을 딛고 섰다. 금속의 레일 위로 달려오는 철마를 바라보며 기차와 동족 의식을 느끼는 그들의 의식 안은 다 같은 차가운 이성으로 채워졌다. 기차가 다시 떠나고 언제나 광장에 남겨지는 사람들은 기차가 산모퉁이를 돌아가며 구슬프게 기적을 울릴 때 자신들의 몸속에 차가운 기계의 피가 흐르는 것을 느끼며 언젠가는 자신도 그럴 듯한 차표를 한 장 손에 쥐고 말겠다는 듯 손바닥을 굳게 말아 쥐었다. 이젠 사람들의 열망도 열차를 타지 못하는 사람들의 절망도 모두 콘크리트에 덮여버렸다. 간간이 시멘트 사이로 튀어나온 돌멩이들이 그들의 고정된 눈동자처럼 한곳을 응시한다. 아, 그들의 눈빛이 가는 곳에 하늘의 영혼 같은 창백한 달이 떠있다.

대합실의 문은 자물통으로 굳게 잠겨있다. 자물통은 자신의 몸통 속으로 스스로를 유폐시킴으로써 자신만의 세계를 섭정한다. 오래된 금속에 내려앉은 녹을 바라보니 문득 까닭 모를 비애가 밀려온다. 흘러간 것들은 다시 제자리로 돌아오지 않는다. 그것을 상상하는 누구나 회상의 형태로만 그리워 할 뿐이다. 지금 저 녹슨 자물통을 바라보며 무엇인가를 그리워한다는 것은 이미 떠나간 것들이 마음속에 드리우는 어둑한 그림자에 아직 푸르른 내 이마를 적시는 일이거나 적막으로 단련된 대합실 유리창에 반사하는 절망적인 햇빛과 무언가를 모의하는 일인지도 모른다.

대합실 안을 들여다본다. 역무원도 승객들도 떠나간 매표구엔 뻥 뚫린 구멍만이 홀로 휑하다. 동그란 매표구 너머 아른거리던 우월한 향수가 고향을 그리워하는 사소한 향수에 억압될 때 고향으로 돌아가는 길은 사람들의 가슴속에 깊은 강물처럼 흘렀을 것이다. 이제 역의 문은 열리지 않는다. 저 문을 통해 세상으로 나간 사람들은 돌아오는 길을 잃어버렸다. 그들이 돌아오는 길은 더 이상 기억 속에서 망각되거나 사라진 것이 아니다. 역사驛舍의 지붕을 타고 너덜너덜 흘러내리는 낡은 햇빛 속에 가라앉아버렸다. 폐역사廢驛舍의 유리창은 금욕주의자의 안경과 같아서 그것을 통해 보이는 대합실 안의 풍경은 침묵하는 전율로만 남아있을 뿐이다.

나주역 · 241

대합실의 문은 잠겨있어 들어갈 수가 없다. 매표실은 열려있어 카메라를 고감도에 맞추고 들어갔다. 어둑한 실내가 ISO 1600으로 밝혀진다. 지금 눈에 들어오는 것들은 하나하나 점으로 분화되어 먼지처럼 공간을 떠도는 허상들이다. 떠나간 사람이 앉았던 자리에서 무거운 어둠이 일어난다. 어둠이 성큼성큼 나를 안내한 곳, 거기엔 녹슨 철제 금고 하나가 두꺼운 가슴을 열어젖힌 채 앉아있다. 그렇다. 금고는 시간을 가두었고 시간은 어둠 속에서 미친 듯 침묵했다. 어둠 밖의 시간은 빠르게 지나갔고 이제 다시 금고 앞에 멈춰 섰다. 마침내 금고의 문은 열렸고 지난 시간과 지나가는 시간이 만나는 동안 침묵하는 미래는 송월동으로 떠나간 것이다. 1913년 개통 이래 시간 속에 고인 침묵이 흘러나온다. 침묵의 배후는 어둠이다. 암흑이 먼저 내 얇은 가슴속으로 밀려들어온다. 온몸이 딱딱한 어둠으로 가득 찬다. 나의 어둠으로 나는 그만 질식할 것만 같아 서둘러 매표실을 빠져나온다.

매표실과 이어진 집무실은 유리창들만 적막을 지키고 있다. 닫힌 실내에서 밖을 바라보면 유리창 하나하나는 자신의 모습이 아닌 바깥 풍경들로 존재한다. 유리창들은 제각각 고유의 그림을 간직한 채 다른 유리창들과 유기적으로 하나의 풍경을 이룬다. 만약 저 유리창들이 서로 자리를 바꾼다면 지금까지 보였던 풍경들은 무참하게 사라질 것이다. 유리창 몇 개가 깨어지고 없다. 깨지기 전의 유리창들은 더 많은 풍경을 지녔으리라. 유리는 편광의 성질이 있어서 자신의 내부를 다 드러내 보이지 않는다. 편광 너머에 언제나 진실을 감추고 있다. 인간은 유리를 사용하고 서부터 참된 사물의 모습을 보는 눈을 잃어버렸다. 바깥세상은 빠르게 변해갔으나 역의 내부에서 바라보는 세상의 풍경은 늘 빛의 경사에 미끄러졌고 풍경보다 세월이 먼저 넘어왔다. 문득 텅 빈 집무실의 깨진 유리창으로 뛰어든 날카로운 적막이 늙은 세월을 윽박질러 어디론가 데리고 간다.

페인트칠이 덕지덕지 벗겨진 지붕은 이 역의 역사를 말해준다. 지붕은 한 세대世帶의 생활을 안전하게 보장해주기 이전에 자신의 등을 구부려 뜨거운 햇볕과 비와 눈과 바람을 홀로 견뎌낸다. 그 굽힌 각도는 지붕의 쓸쓸함의 크기다. 이제 기차역으로서의 운명이 다한 나주역의 지붕은 오직 쓸쓸함만으로 존재한다. 껍데기만 남은 삶의 끝에서 추녀가 지붕의 쓸쓸함에 대하여 노래할 때 물받이 통 아래로 모여드는 아픈 것들의 추억은 추억을 더욱 추억이게 한다. 전라남도 기념물 제183호로 지정된 구 나주역, 문화재도 없는 등록문화재는 그 쓸쓸함으로 또 한세상을 견뎌낼 것이다.

폐역의 넓은 뜰을 온갖 잡풀들이 덮고 있다. 잡풀들의 생명력은 끈질기고 집요한 것이어서 외부의 위협에 노출되면 저희들끼리 뭉치고 저항한다. 그들의 저항법은 간단하다. 위험이 다가오면 스스로 먼저 쓰러지는 것이다. 쓰러졌다 일어나기를 반복하며 자신의 내부에 적개심을 키운다. 잡풀은 아무리 짓밟혀도 상처로만 대항한다. 상처 안에는 상처로 단련된 아픈 슬픔들이 단단한 씨앗을 잉태한다. 아무도 찾지 않는 폐역사廢驛舍의 그늘 아래서 망초꽃이 홀로 역의 흥망을 노래한다. 그 아래 가여운 떨림으로 폐역의 내력을 노래하는 풀벌레들에게 저녁은 손을 내밀어 제 품 가까이 끌어안는다. 지금 내가 나주역의 생애 맨 끝에서 노래하는 폐역의 생은 저 망초꽃들의 그늘 아래이거나 풀벌들의 울음 안에 찍히는 내 발자국 속에 있다. 허름한 거리에 가로등이 하나둘 켜진다. 희미한 불빛을 받아먹고 개망초들이 한꺼번에 터트리는 꽃들의 그 허전함으로 나는 폐역의 한가운데 서 있는 것이다.

해가 진 폐역사(廢驛舍)는 쓸쓸함이 먼저 찾아온다. 황혼 속에 홀로 서 있으니 흘러간 대중가요 〈황성옛터〉가 떠오른다. "황성 옛터에 밤이 되니 월색만 고요해..." 조그맣게 소리 내어 불러본다. 서늘한 밤공기가 노랫말들을 하나씩 모아 고요한 폐허의 탑을 세운다. 노래는 탑을 돌아 내 몸뚱이를 울려 커다란 구멍을 낸다. 지나간 시간들이 몰려와 그 속에서 공명하다 가고 잡풀들 사이의 벌레들도 날아와서 운다. 희미한 하현달이 들어와 몸 속 어딘가에 깊은 사색에 잠기는지 몸 안 여기저기에 허구렁이 파이고 내 몸뚱이는 세상의 모든 폐허에 문을 연다. 내밀한 상처들에게 그리운 이름을 하나씩 붙여주고 내 품에 스민 어스름으로 습한 추억을 씻어 말릴 때 다시 가슴 깊이 흐르기 시작하는 물소리는 발등을 적시며 나를 또 어디로 데려가는가!

선평역
아라리의 발원지

가을이 깊어진 주말 오후 증산역을 출발하는 아우라지 행 열차에 올랐다. 열차로 혹은 자동차로 몇 번이나 정선에 갔는지 모두 기억할 수가 없다. 도대체 이처럼 고향보다 자주 찾아가는 까닭은 무엇인가. 어쩌면 전생에 내가 살았던 곳이었는지도 모른다. 그토록 여러 차례 찾아갔어도 정선의 간이역들은 매번 나를 놀라게 한다. 열차에서 내리는 사람이 언제나 나 혼자뿐이라는 것과 한결같은 역의 허술함과 변함없는 주변경치의 아름다움에 놀라는 것이다.

나를 내려놓고 기차가 황망이 떠나간 텅 빈 승강장을 두근거리는 가슴을 안고 걸어 나갈 때 발자국 소리가 무인無人의 역사驛舍에 고여 있는 고요 속으로 섞여 들어가 혼탁한 인간의 풍경으로 이곳의 풍경을 오염시킬까 두려워 발끝으로 걸음을 조용히 옮기다보면 살랑거리는 바람에 걸음이 풀풀 날려 발자국이 찍히지 않는 몸뚱이는 이곳의 풍경에 용해되고 나는 자연과 하나가 되곤 한다.

섞인다는 것은 자신은 변하지 않은 채 다른 것에게 영향을 주는 일이다. 그러나 용해는 자신을 허물어 대상을 받아들이고 그것과 하나가 되는 일이다. 오늘의 문명세계를 살아가는 사람들이 외진 간이역에서 다만 조심스럽게 몇 걸음 걷는 일만으로도 흐물흐물한 육체 속에 아무렇게나 흘러다니는 나약한 정신은 싱싱한 육신으로 다시 태어난다. 이런 이유로 나는 오늘도 선평으로 가고 있다.

지난 1970년대 정선 구절리의 석탄을 운반하기 위해 증산역에서 태백선으로부터 갈려나온 정선선은 도로가 발달하지 못했던 당시 이곳의 유일한 교통수단이었다. 자동차가 늘어나고 석탄 산업이 쇠락하면서부터 사람들의 통행이 줄어 하루 두 차례 운행하는 미니열차와 끝자리수가 2와 7자인 정선 5일 장날 운행하는 여덟 칸짜리 관광열차가 그 명맥을 유지하고 있다. 그나마 이용객이 점점 줄어 경제 논리가 지배하는 세상에서 언제 퇴출될지 모르는 자신의 운명을 아는 듯 오지의 꼬마열차는 뒤뚱거리며 느릿느릿 불안하게 달린다. 바깥세상은 몇 번을 변했어도 정선선의 열차안의 모습은 한 세기 이전의 그것으로 남아 있어서 도회지에서 여행 온 사람들이 열차가 좁은 하늘과 병풍 같은 계곡과 짧은 터널들과 맑은 시냇가로 구불구불 이어지는 철길을 달릴 때 그들이 입고 있는 옷이나 신발, 생각, 말투까지도 한순간에 낡아버린다. 그러다가 아무도 없는 간이역에 혼자 남겨질 때 문득 과거의 어느 시간으로 유폐된 자신을 발견하고는 낭패감에 빠져드는 곳이 정선선이다.

별어곡을 지나고 짧은 터널 몇 개를 통과한 열차가 작은 다리 하나를 건너 한참 동안 자동차 도로와 경주하듯 곧게 달린다. 문득 오른쪽 차창 밖으로 철길이 돌아가는 산모롱이에 낯선 형상이 눈에 들어온다. 일곱 장승들이 눈을 부릅뜨고 서 있다. 거칠현동 입구를 열차는 지나가고 있다. 고려가 조선에 망하자 전오륜, 김중한, 고천우, 이수생, 신안, 변귀수, 김위 등 일곱 명의 현인들과 그 식솔들이 이곳에 들어와 세상과 인연을 끊은 채 살았다고 한다. 이 밖에도 정선엔 두문동과 별어곡 같은 고려 유신들이 은둔 생활을 했던 곳들이 있다. 불사이군不事二君의 신념으로 조선조를 피해 숨어 사는 것이라면 이곳보다 외지고 골 깊은 평안도나 함경도의 험준한 산악지방이 있었을 터인데 굳이 정선의 산골로 들어온 이유는 무엇이었을까. 이곳의 아무 산이나 그 정상에 올라가서 내려다본 사람이라면 알 것이다. 산자락을 휘감아 끊일 듯 끊이지 않고 굽이굽이 돌아가는 동남천과 조양강의 물줄기가 무엇을 의미하는지를. 그것은 임을 잃은 사람들의 아랫배 깊숙이 설움의 골짜기를 돌아 나온 눈물과 한숨이 합수하여 흐르는 메나리 가락이다. 누구의 목구멍에서라도 피울음 흘러 나오듯 애처롭게 풀어지는 아라리 가락은 산들의 줄기와 강굽이가 서로 밀고 당기는 한恨과 탄歎의 유장한 장단이 필요했던 것이다. 만첩 산중에 산새들은 비명으로 길을 헤치며 날고 나의 길은 골짜기로만 파고드는데 노스텔지어였을까, 목장승의 따악 벌린 입안을 문득 바라보는 순간 몸속을 떠돌던 구멍 하나가 서럽게 넘어온다. 웃음인지 울음인지 어지러운 장승의 표정에 울컥 멀미가 난다.

장승 하나가 나를 노려본다. 장승은 노려볼 뿐 말은 없다. 아무것도 묻지 않는데 나는 무엇이라도 대답하고 싶어 가슴이 뛴다. 예기치 않은 낯선 상황에 처할 때 그것에 대하여 무지했다고 해서 미지의 세계를 향한 기쁨을 탓할 일은 아니다. 그러나 이미 산그늘에 측은해진 나의 몸뚱이는 이곳 풍경의 단조로운 한 부분이 되어버렸으므로 저 장승의 모습조차도 나 자신 같아서 저기 왜 저렇게 눈알을 부라리며 서 있는지 대답하지 않을 수 없다. 온갖 화초들과 산새들을 발아래 어깨 위에 거느리던 이름 높은 명산의 낙락장송을 인간들이 베어내어 팔 다 잘라내고 팔자에 없는 사모관대를 씌워 행인들이 오가는 길가에 세워놓았다. 취객이나 악동들은 물론이고 지나가는 행인들도 괜스레 상소리를 내뱉기는 일쑤이고 똥오줌까지 싸갈기고 지나가니 입이 있어도 말하지 못하고, 발이 있어도 도망하지 못하고 서 있는 저 장승*과도 같은 삶을 우리는 살고 있는지도

---

* 판소리 〈적벽가〉에서

모른다. 손과 발을 빼앗기고 목소리마저 잃어버린 채 일상의 권태에 뿌리박고 서 있는 우리 자신에 대하여 너무 관대한 것은 아닌지 한 번쯤 장승 곁에서 스스로 묻고 대답해볼 일이다.

열차가 선평역에 선다. 오후 2시 20분을 조금 지났다. 카메라 가방을 메고 일어선다. 열차에서 내리는 사람은 오늘도 나 외엔 아무도 없다. 역무원이 버리고 떠나간 빈 집 같은 역사驛舍의 휑뎅그렁한 쓸쓸함이 나를 맞이한다. 텅 빈 플랫폼에 외로움이 나직이 깔려있다. 기다리는 이도 오라는 이도 없으니 누군가 지나간 자국이라도 찾아 따라가고 싶어 여기저기를 둘러보다 언덕처럼 내려가는 역의 광장으로 발길이 저절로 흘러간다. 사람들의 발길이 끊긴 광장엔 개망초, 쑥부쟁이, 질경이, 임자 없는 호박넝쿨 같은 온갖 하찮은 잡초들이 키 아래 내려다보이는 허술한 가게의 간판이나 낮은 가옥들의 지붕 높이보다 우월한 비밀을 간직하고 있다는 듯 한가지씩 씨앗주머니들을 매달고 계곡을 훑어 내려오는 늦은 햇빛에 잎사귀들을 씻어 말리고 있다.

돌아서 역사를 올려다본다. 역의 명판이 떨어져 나가고 없다. 허름한 목조건물은 산골 사람들의 옹색한 눈빛 안에서 익는 벚나무의 신 열매로, 깨끗한 구름이 가슴에 드리우는 얼룩으로 이곳도 봄이 여름이 가을이 그리고 겨울의 눈보라가 다녀가는 산골 역임을 알렸을 것이다. 그래도 허전할 땐 사람들의 기억을 스치는 그리운 이름들이 떠오르다 아주 동그랗게 떠올라서는 달뜨는 밤이라도 둥글고 환한 역의 이름으로 내어걸리지 않았겠는가. 문득 소나기구름이 한차례 지나가고 가로등에 맑은 물방울들이 맺힌다.

명판도 없다

폐역 같은 역에 굳이 이름 붙일 일이
있었겠냐만

그래도 혹 허전하면
앞 산 응달 깊은
아기의 돌무덤에서
동그란 달이 떠올라
아주 동그랗게 떠올라서는

서늘하고 환한 이름으로
내어걸리지 않았겠나

달 뜨지 않은 밤이라면

그토록 잊고 싶은 이름 하나로
돌아가는 길이
간절히 구부러져 갈 때
반듯한 철로 위에서도
어미의 뒷걸음은
두 갈래로 찢겨서

정선으로 별어곡으로 잊히지 않았겠나

가로등이 슬픔도 없이 눈물을 글썽인다. 사람들과 기차가 떠나가고 혼자 남아 휘황한 빛으로 스스로를 세상과 단절시켜서 휘황함이 외로움에 닿아 저렇게 맑은 눈물이 되었을 것이다. 맘 한 켠 밝힌 적 없이 늙은 벚나무가 고요히 감동에 떤다. 서늘한 바람이 다녀갔고, 나무가 마지막 옷을 벗었고, 잎사귀가 차지하고 있던 허공이 한 번 더 흘러내린다. 그곳에 어떤 빛이 내려와 외로움이 되는지 쳐다보았을 뿐인데, 가로등의 격렬한 고요를 그만 그리워하기로 했을 뿐인데 눈에 눈물이 핑 돈다.

산골의 날씨는 종잡을 수가 없다. 언제 그랬냐는 듯 하늘이 파랗게 갠다. 벌써 잎이 져버린 늙은 벚나무 아래 선다. 고독이란 이런 것이다. 나무의 숨소리를 듣는 일이다. 아무도 찾지 않는 간이역에 서서 지독한 외로움에 둘러싸여 더 이상 내려갈 수 없는 고요에 이르러 진정한 혼자가 될 때까지 혼 자 서 있는 것이다. 빈 가지에 서늘한 바람이 인다. 그래, 이처럼 외진 곳에 혼자 서 있으며 외로움도 슬픔도 모두가 감동인데 저 가로등의 격렬한 고요를 소망한들 무엇하랴. 마지막 남은 노란 잎사귀 하나를 내게 끄덕이며 조용히 진저리치는 벚나무에 기대어 기우뚱 햇빛을 건너오는 적막에게 묻는다. '너는 진정 혼자인가?' 라고.

역시驛舍의 발코니 한곳에 검은색 배낭이 놓여있다. 누군가 버리고 간 것인지, 잠시 놓아둔 것인지 먼지가 누렇게 내려앉았다. 아직 쓸 만한 것으로 보이는데 무슨 사연으로 모두 떠나간 역사驛舍를 외롭게 혼자 지키고 있는 것일까. 호기심을 자극하는 물건에 대하여 이러저러한 생각에 잠긴다. 나는 낯선 사람이나 대상을 만날 때 어떤 공상을 하는 버릇이 있다.

선평역 · 259

공상은 언제나 자유로운 것이어서 치밀한 반성이나 무책임한 가책이 뒤따르지 않아서 좋다. 언젠가 여행 도중 배낭을 기차에 놓고 내린 적이 있는데 그 배낭은 아직 내게 돌아오지 않고 있다. 배낭 안엔 카메라 한 대와 칼라 슬라이드 몇 장과 지금은 떠나간 소중한 사람으로부터 받은 편지들이 들어있었다.

그 일은 내게 슬픈 사건이었다. 사건이란 꽃이 피었다 지는 일과 같아서 어느 날 꽃이 툭 떨어지고 나면 꽃잎이 차지하고 있던 자리에 잠시 바람이 머물다 갈 뿐, 다만 그뿐인 것처럼 잊히기 마련이지만 그 후 검은 배낭을 볼 때마다 문득문득 그 일은 떠올라서 나를 괴롭혔다.

몇 년이 지난 어느 해 서울의 한 카페에 들른 적이 있었다. 벽에 걸린 작자미상의 사진을 보고 너무 놀라 한참이나 그 사진에서 눈을 떼지 못했던 나는 주인에게 사진의 입수 경위에 대하여 묻고 싶었으나 그만둔 일이 있다. 나의 사진 속에서 어떤 그리움이 무릎을 바짝 세우고 있었는데 그것이 카페의 어두운 불빛 아래가 아니라면 다시 설움임을 알았으므로 나는 도무지 그것을 견딜 수 없을 것 같아 그만 카페를 나와 버리고 만 것이다. 무엇을 물끄러미 바라보는 일은 나의 마음을 읽는 일이다. 지금 나는 저 배낭의 무게 아래를 지나서 어떤 삶의 무게로 그때의 슬픔의 무게를 가늠해보고 있는 것은 아닌지 모른다.

대합실로 다시 들어와 여기저기를 찬찬이 둘러본다. 매표구는 두꺼운 합판이 덧대어져 막혀있고 출입문도 윗부분의 유리창만 남겨놓고 나무판으로 막아버렸다. 창문으로 들어오는 햇빛은 산골의 아침이 올라오고 저녁이 내려가는 길이었으니 대합실에 앉아있어도 세상의 모든 길이 환하게 떠올랐었다. 그러나 이제는 한낮인데도 어둑한 천장 아래 아무리 오래 서 있어도 나의 육체인 내가 지나온 길이란 길은 다 어둠 속으로 빨려 들어가 버렸다. 사랑에 대한 기억이나 그리움 기다림 같은 것들조차도 빠져나가버리고 한낱 빈껍데기로 서서 귓속에 먼지 쌓이는 소리만 나는 듣고 있을 뿐이다. 남은 유리창에 누군가 검은 매직으로 기차를 그려놓았다. 벽에 걸린 시간표는 텅텅 비어 버린 지 오래다. 열차는 오지 않고 누군가 자신을 세상으로 데려다 줄 기차를 그렸겠지만 저 빈 시간표를 채워 넣는 일이 이 어두운 산골 역에서 나가는 길임을 그는 알고 있었을까.

빈 대합실에 앉아있다

의자도, 흔한 사진도 없이 문 하나만으로
한 세상인
휑뎅그렁함이 섭정하는 대합실

매표구가 있던 벽에 벽돌 하나가 튀어나왔다
삐끗한 등허리를 만진다
벽돌을 처음 만졌을
지금은 흙이 되었을 손바닥의 느낌으로

만진다

문밖의 늙은 벗나무는 몇 개의 꽃잎들을 피워
하얗게 지웠는지

시간표가 텅 비었다

내가 나가야 할 길이므로
어쩌다 이곳까지 흘러왔는지 세세히 써 넣는다
벽에 빼곡한 낙서들을 뒤적여서
시간표는 꽉 찰 것인지
유리창의 얼룩을 닦아서
세상의 외진 곳을 밝힌 다음에는, 등 뒤에서
철길이 어떻게 어두워지는지를 적을 일이 남았다

증산역으로 돌아가는 상행열차는 오후 3시 47분에 온다. 얼마간의 시간이 남았으므로 천천히 철길을 걸어 지금은 없어진 신치역이 있던 정선 방향으로 걷는다. 걷다가 문득 내일이 정선 장날이라는 생각이 떠올라 정선에서 하룻밤을 자고 장 구경을 하기로 마음을 바꾸고 계속 걷는다. 허공에 우뚝 솟은 철교가 나타난다. 동남천을 건너는 낙동철교다. 다리 아래는 아찔한 벼랑이다. 높은 곳에서 내려다보면 아찔한 공포도 아득한 그리움일 때가 있다. 공포를 느끼는 주체는 과거의 기억이다. 기억은 과거를 향해 던지는 오늘의 물음이다. 그것이 과거와 어떻게 교감하고 융합하느냐에 따라 눈가에 스미는 눈물로 혹은 공포로 반응하는 것이다.

이처럼 외진 곳에서의 기억은 이미 깊어져버린 가을볕의 쓸쓸함에 묻혀 낭떠러지 같은 교각의 뿌리를 감추고 있는 강의 깊이조차도 얇은 추억의 무늬들로 헤아려보게 하는 것이어서 나는 한 마리 다리 긴 새가 된다.

  허공중을 건너왔다 건너오다, 기우뚱
  새가 되었다

  공중이 내려와서
  다리가 긴 새, 긴만큼
  강물에 날개를 적시지 않아도 되었겠지만

  울음을 흘려서
  공중의 길로 강의 깊이를 헤아려서

  뼛속이 젖은 새

  하늘을 날 수 없는 새의 뺨을, 아프게
  바람은 스치고 갔겠지만
  저기 뻘대에 미끄러지는 저녁별은

  새의 눈 안에서, 울컥
  글썽인다고 하면 되는 것인가

백이산의 울창한 숲을 헤집고 나온 야윈 햇살이 여울목의 급한 물살을 한창 해작거린다. 그러나 산촌의 낮은 벌써 어둡다. 일찍 내려오는 산의 그림자가 시간에 대한 인식의 배후로 깔려있어서 정오가 지나면 이곳을 지나가는 사람들의 가슴은 이미 밤하늘이다. 아스라이 높은 철교 위를 열차가 위태롭게 지나갈 때 물 위에 뜨는 빛의 반짝임은 사람들의 가슴에서 수많은 저녁 별들로 뜨고 졌지만 정선선의 꼬마열차의 느린 속도를 산골의 척박한 시간은 초월하진 못했다. 시간의 흐름은 어제보다는 오늘의, 오늘보다는 내일의 진보로 인식되는 것이어서 한 세기 이전의 모습으로 차창에 걸려 멈춰버린 산골의 풍경은 과거로 오늘의 시간에 저항하는 것이다. 철길은 앞으로만 나아가고 물빛에 젖은 산의 그림자는 자꾸만 뒤를 향해 흐르는데 나 어디로 흐르는 것인지, 나는 시간의 무한궤도 위에서 끝없이 덜커덕거린다.

정선역

정선 5일장

산골의 밤은 갑자기 찾아왔다. 강원도 정선군 남면 낙동 3리, 사방이 병풍 같은 높은 산들로 둘러싸여 금방이라도 으스러질 것 같은 조그만 가옥들의 낮은 지붕 위로 마지막 저녁 햇살은 미끄러진다. 산등성이 위로 넘어오는 어둠에 동내 개들은 불안한 듯 이따금 짖어댄다. 개들이 짖어대는 소리에 반향 하는 것은 외딴 산동네의 고요함일 뿐 햇볕 아래서 현존했던 모든 사물들은 감각의 순수한 황무지에서 더욱 강렬한 침묵의 배후가 되어 나의 육신을 죄어온다. 내 빈약한 정신은 그만큼 분명하게 산골의 밤의 정적과 맞서고 있는 것이다. 어둠 속에 홀로 버려져 주어진 모든 이름들을 잃어버리고 인간의 언어마저 잃어버리고 태초의 세계와 대립하는 내 귓속의 계곡으로 샛강은 흘러가고 그 흐름의 끝에서부터 나의 노래는 시작된다.

폐역에 저녁이 옵니다
늙은 벚나무에 뚫린 구멍으로 오래된 저녁은 천천히 옵니다

그 옛날 리어카에 실려나간 사람이 나무 아래서 몸속으로 흘려보냈을 숨 가쁜 하늘도 저 구멍을 지나왔을까요
숨 끝에 밀린 목구멍은 빈 소주 병안에 아직 고여있는 것일까요
몸 밖으로 아무렇게나 뚫린 구멍에서도 한 방울의 하늘은 쉼 없이 흘러나옵니다

나무도 몇 십 년을 한자리에 서있으면 외로움을 아나 봅니다

제 몸을 쥐어짜서 이슬에 젖는 가지, 눈물 흐르는 뺨 그 빛깔 그대로 사람의 핏줄을 돌아 취한 일몰은 한밤중에 꽃으로 핍니다
움직이면 한 귀퉁이씩 사라지는 사람의 자리, 그때마다 넓어지는 나무의 구멍 속을 마냥 비워두는 달빛 말고는 달리 섭섭해할 게 없다는 것이 슬픈 일입니다

이번 여행지는 정선 5일장이었지만 언제나 나를 부르는 곳, 선평역에서 하룻밤을 보내고 싶어 하루 전날 이곳에 내려와 이른 저녁을 먹고 강가를 산책하고 있는 것이다. 가을의 끝자락에 있는 산골의 공기는 차갑다. 한차례 소나기가 지나가더니 검은 하늘에 진눈깨비가 흩날린다. 눈은 내가 살아갈 길을 알려주기라도 하듯 내 발자국을 점찍으며 내리고 그 위를 산새가 선명하게 발자국을 찍고 간다. 하늘의 길이 나의 길 위에도 있는 모양이다. 문득 찬바람이 불고 강물도 제 길 위에서 뒤척이는지 눈송이 몇 개가 멈칫멈칫 머리카락 끝에 매달려 글썽인다. 눈물도 없이 글썽이는 것이라면 누구의 환희일까 슬픔일까. 올려다보면 굵은 눈물방울 같은 눈송이들 가득 찬 하늘이다. 까닭 없는 우울이나 슬픔 같은 사적인 감정은 들어설 자리가 없는 늦가을 저녁 하늘 아래 비틀거리는 내 걸음을 끝내는 눈송이들마저 비켜간다.
비틀거리는 걸음 위에서도 흔들리지 않는 것은 흘러간 것들에 대한 죄책감 같은 것이다. 한번 가버린 것은 다시는 돌아오지 않았으므로 과거를 향한 나의 죄책감은 언제나 신선한 것이어서 오던 길을 되돌아와 나도 모르게 시간의 저쪽인 선평역에 서 있었다. 어느덧 눈발은 그쳤고 아무

도 없는 빈 역사를 정적이 먼저 와 차지하고 있다. 아, 인간 변방의 정적은 살이라도 벨 것 같은 그런 것인가. 그 에지가 너무나도 예리하여 대합실의 문을 열고 들어가면 피 한 방울 스며 나오지 않고, 말초적인 통증마저도 느끼지 못하고 순식간에 몸뚱이가 동강날 것 같아 잠시 문밖에서 머뭇거린다. 이윽고 권태로 머리끝에서 발끝까지 텅 비워진 몸뚱이 속으로 고독이 번져 들어와 내 육신은 빈 역사의 정적에 천천히 젖어 들어간다. 먼지 쌓인 나무 의자에 우두커니 앉아있다. 정적을 감싸고 있는 대합실 벽의 뒤쪽엔 어떤 절대적인 비애가 숨어 있는 것 같아서 유리창으로 희미하게 흘러 들어오는 불빛조차도 내 영혼을 적시기에 충분하다. 워크맨을 꺼내어 귀에 꽂는다. 브람스의 피아노와 클라리넷, 〈현을 위한 삼중주 A단조 알레그로〉다. 나의 가슴 아래 어딘가를 브람스는 끊임없이 울리고 첼로의 저현보다도 낮은 울림이 서서히 증폭되어 갈비뼈 사이를 돌아 나온다. 물컹한 명치뼈가 몸속을 흘러 다닌다. 그깃은 테이프 나 돌아간 워크맨의 되감기 스위치를 만지는 손끝에서 느껴지는 딱딱한 의식의 각성이다. 무언가 깨어있는 상태는 언제라도 의식의 소멸 상태로의 진입을 준비하는 단계다. 그러므로 있음과 없음은 자체적으로 융합된 관계라는 확신을 갖게 되는 데는 죽음을 예감한 말년의 브람스의 달콤한 고독의 초대에 이르기까지 시간이 걸리지는 않았다. 한참이나 빈 대합실에 앉아있다 밖으로 나온다. 역의 지붕 위로 둥근 달이 떠올라 있다. 으스스 추워 보이는 달의 주위에 눈물 같은 것이 아롱거려 아무리 손등으로 눈을 비벼 봐도 그것이 달인지 역의 명판인지 분간이 가지 않는다.

정선역 · 277

밤이 이슥해서야 잠자리에 들었다. 달빛이 환한 창을 물끄러미 쳐다보며 누워 있다. 깊은 밤중, 창문은 세상과 내통하는 은밀하고 유일한 창구다. 어둠 속에 웅크리고 가만히 누워 있다. 다 자란 누에처럼 몸뚱이가 말갛게 익어 달의 투명한 숨소리를 나는 듣고 있다. 달이 깊게 숨을 들이쉴 때마다 방안은 동그랗게 부풀어 오르고 어둠은 종잇장처럼 얇아진다. 더 이상 어둠이 얇아지기 전에, 잠에서 깨어났을 때 얼굴을 알아보고 내 영혼이 다시 찾아들기 전에 방안의 남은 어둠이란 어둠은 모두 끌어다 얼굴에 덮고 이리저리 뒤척이는 긴 밤이다.

잠을 잘 이루지 못한 탓인지 아침 늦게야 눈을 떴다. 환한 아침 햇살에 빛나는 세상은 언제나 그랬듯이 간밤의 까닭 모를 공포감을 지워버리고 나의 육신에 생기를 불어 넣어 준다. 아우라지행 첫 열차가 들어오는 시각이 다 되어간다. 아침 식사를 할 틈도 없이 서둘러 역으로 달려간다. 잡풀이 무성한 역의 플랫폼엔 벌써 정선 장을 보러 가는 촌로들 몇 사람이 기차를 기다리고 있었다. 역무원도 없고, 승차권도 살 일이 없었으므로 개찰구가 아닌 어느 곳을 통해서라도 플랫폼으로 길들은 흐른다. 마을에서 올라오는 길도, 앞 산 쪽에서 내려오는 길도, 철길과 함께 달려온 자동차 길도 아무렇게나 이곳에서 합류한다. 굳이 길을 고집할 일이 없는 사람들은 길 위에서 망국의 유민이었다.[*] 이젠 그들에겐 가슴 붉도록 울어야 할 조국의 흥망도 먼 조상들의 이야기일 뿐, 과거와 현재라는

---

[*] 선평은 조선 개국 시 고려 유민들이 들어와 살던 곳임

두 운명이 부딪히는 중심에서 격랑으로 흔들리는 八자의 다리로 서 있어야 한다.

선평역에서 아침 9시 20분에 정선행 열차를 탔다. 예전에 비해 기다리는 사람도 그렇게 없는데 열차는 정확히 제 시간에 도착했다. 세 칸짜리 꼬마열차는 맨 앞 칸만 제외하곤 텅텅 비었다. 눈물이 있어 눈물이 나듯[**] 철로가 있어 열차는 달리는 것인가. 서너 명의 승객이 앉아있는 뒤칸에 좌석을 잡았다. 옛날 같으면 오랜만에 만난 이웃마을 사람들과 주고받는 장꾼들의 이야기들로 객실 안은 떠들썩하겠지만 누구의 운명에 대하여 중얼거리기라도 하듯 끊임없이 덜컹거리는 열차 소리만 들릴 뿐이다. 유리창에 하늘과 산들이 하나로 머물 때 열차 내부의 소박함도, 빈 의자들의 허전함도 제각각 내게 평온함의 배경으로 한 자리를 내어주고 나는 단순한 감각으로 둘러싸인 의자 깊숙이 등을 묻는다.

정선역에서 내려 역 광장으로 나온다. 문득 타임머신을 타고 한 세기 이전으로 돌아온 느낌이다. 기와지붕이 단정한 약방과 낮은 스레트 지붕의 가게들과 허술한 여인숙 앞을 천천히 걸어간다. 겨울로 달려가는 바람이 은행잎 쌓인 길을 돌돌 말아 나를 앞질러 간다. 정선은 현대화에 쫓긴 우리의 과거가 숨어있는 마지막 은신처다. 정선 5일장은 그 은신처의 가치를 이해하고 체험할 수 있는 시간일 뿐만 아니라 우리가 과거에 대하여 저지른 박해와 불경에 대하여 속죄의 기회를 갖는 공간이다. 두 대의 카

[**] 알렉산더 뒤마

메라와 현대식 배낭을 짊어진 나의 모습이 길가 가게들의 유리창에 문득문득 비쳐 보일 때마다 너무나 유치해져버린 내 모습에 당황한 나는 도망가듯 발걸음이 빨라진다. "바쁘면 타시우." 아들인 것 같은 젊은이가 운전하는 경운기의 짐칸에 탄 할머니가 빙긋이 웃으며 내게 손짓한다. 헐렁한 소매사이로 내미는 야윈 손짓의 의미를, 단추를 총총히 잠그고 그 위를 지퍼까지 견고하게 채운, 완강한 의복의 성 안에 갇힌 내 육체는 순간 이해할 길이 없어 고개를 숙이고 묵묵히 걸어갈 뿐이다.

정선 장에 들어서자 먼저 눈에 들어오는 것은 낫과 칼, 삽 등 대장간에서 나온 물건들이다. 나는 한참이나 쪼그리고 앉아 물끄러미 그것들을 바라보다가 만져보다가 문득 어떤 물건에 눈길이 멈춘다. 무논에서 막 뽑아 올린 아버지의 발뒤꿈치처럼 닳아빠진 헌 낫이 새것들 사이에 끼어 있다. 누군가 대장간에서 날을 벼리려고 맡겨 놓은 것 같다. 아버지는 낫 한 자루로 한평생을 버텼다. 우리 집 식구들은 아버지의 낫에 봄풀 같은 삶을 의존했고 내 어린 시절의 하루는 아버지의 낫 가는 소리로부터 시작했다. 산에 나무를 하러 갈 때도, 논밭에 나갈 때도, 심지어 읍내 장에 갈 때도 아버지의 왼손엔 언제나 닳아빠진 육철낫이 들려 있었다. 식구들 중 아버지만 왼손잡이여서 아무도 아버지의 낫은 만지지 않았다. 어머니는 왼손잡이인 아버지의 일하는 품세를 늘 탐탁하지 않게 여겼지만 아버진 자신의 낫질 솜씨에 대단한 자부심을 가지고 있었던 것이 분명했다. 아버지의 낫 맨 안쪽은 이가 커다랗게 빠져 반달 같은 구멍이 뚫려있었다. 날이 풀리는 계절 아버지가 이른 새벽 숫돌에 낫을 가는 날이면 헛간 지붕 아랜 서슬 퍼런 달이 걸리고 추녀의 그림자는 아버지의 등 위에서 어룽거렸다. 그러면 앞산의 뻐꾸기는 그 봄이 다 가도록 우리 집 식구의 슬픔을 빌려 울고 마당엔 풋보리 찧어 말리는 비릿한 내음이 가득했다. 이러저러한 생각을 떠올리며 한참이나 헌 낫을 바라보다 일어선다.

정선역 · 285

조금 더 깊이 시장 안으로 들어가니 온갖 골동품들을 모아놓고 파는 곳이 있다. 군용 항고, 물통, 방망이, 등잔, 목탁, 놋그릇, 향로, 철제 불상 등 헤아릴 수 없이 많은 옛 물건들이 저마다 한 가지씩 옛이야기를 들려주는 듯 늦가을의 찬바람에 공명한다. 그중 거북선 모양의 숯불 다리미가 시선을 끈다. 옛날 우리 집엔 개량식 숯불 다리미가 있었는데 온 마을 이집 저집에서 돌려쓰느라 제자리를 지키는 날이 드물었다. 옛날 다리미는 며느리와 시어머니 고부간의 팽팽한 긴장의 시험 도구였다. 시어머니와 며느리가 빨래 줄에서 갓 걷어온 옷을 양쪽에서 잡아당기며 다리미질을 할 때 그들이 잡아당기는 것은 서로에 대한 증오였다. 다리미질감의 팽팽한 정도에 의해 고부간의 사이를 가늠할 수 있었고 서로에게 자신의 마음을 숨기기 위해서라도 우리 집의 개량식 숯불 다리미는 동네의 공동 물품이 될 수밖에 없었다. 그러던 중에도 나는 삼촌에게서 다리미로 학생복 바지를 주름이 칼날 같이 서도록 다리는 법을 배웠다. 삼촌이 정작 가르쳐 준 것은 까닭 모를 설렘 같은 것을 무명 쑥색 바지에 곧추세우는 것이었다. 그때부터 여자 아이들이 지나가면 가슴에 숯불 같은 뜨거운 무언가가 이글거리고 이마엔 어김 없이 열꽃 같은 뽀루지가 돋아 온몸뚱이가 환하게 달아오르곤 했다.

잠시 혼자 얼굴을 붉히다 옆에 있는 축음기에 호기심이 인다. 어려서 할아버지가 쓰시던 축음기를 몰래 만지다 태엽을 끊어먹던 일, 대나무를 깎아 바늘을 만들어 듣던 일이 떠오른다. 오늘날 나의 오도팔 같은 오디오 인생 역정은 할아버지의 축음기에서부터 비롯된 것이다. 한 아가씨가 내 곁에 앉더니 축음기를 이리저리 만지고는 주인아저씨한테 한번 소리를 들려달라고 하며 곁에 놓인 낡은 SP판 한 장을 집어 든다. 주인은 판을 얹은 다음 사운드박스를 내린다. 어지럽게 빙글빙글 돌아가는 축음기에서 희미한 노래 소리가 들리기 시작한다. 하이파이 음에 익숙한 내 달팽이관 깊은 골짜기를 흙바람이 쓸어갈 뿐이지만 아가씨는 조용히 눈을 감고 듣고 있다. 포스터의 〈꿈길에서〉가 틱틱거리는 잡음에 묻혀 끊일 듯 끊일 듯 가늘게 흘러나오고 그녀의 눈가엔 어느 샌가 맑은 이슬이 맺힌다. 곡이 끝나기 전에 그녀의 눈물에 대하여 뭔가 묻고 싶지만 그 노래와 관련하여 혼자만이 간직하고 싶은 것이 있을 것 같아 그만 일어선다. 사랑하는 사람에게 한 가지만 선물해야 한다면 음악을 선물하라는 말이 있다. 훗날 자신의 의지와는 관계없이 어느 장소에서 그 음악을 듣게 될 때 어쩔 수 없이 그 옛날의 추억에 잠기게 되기 때문이다. 낡은 축음기에서 나는 음질을 들었고 그녀는 추억을 들었던 것이다.

부끄러운 마음에 겸언쩍은 인사말을 남기고 헤어져 장터 안의 이곳저곳을 돌아다닌다. 유년 시절에 보았던 온갖 물건들이 나와 있다. 옥수수, 메밀떡, 감자떡, 동동주 같은 토속 음식들이 입맛을 끈다. 도시에서 왔을 것 같은 사람들의 화려한 옷 색깔과 연시, 곶감, 밤, 대추, 머루, 으름, 다래 같은 산열매들의 울긋불긋한 색깔들이 한데 어울려 장터 안은 붉은 빛이 낭자하다. 사람들은 한데 몰려다니지도 않았는데 각자의 그림자들을 잃어버려 외로워 보인다. 주인을 잃은 그림자들이 저희들끼리 어울리고 뒤섞이다가 물방울처럼 떠오르는 곳엔 옥수수가 삶아지고 메밀떡이

부쳐지고 있다. 동동주 한잔에 메밀떡 한입, 잘 익은 찰옥수수가 아니더라도 쩍쩍 입안에 달라붙는 그 맛에 내 발자국은 떨어질 줄 모르고 우연히 동석하게 된 어느 사진작가와 함께 오랫동안 앉아있다. 어느덧 서산에 해는 기울고 한기가 찾아든다. 못 먹는 술을 몇 잔 했더니 다리가 내 것이 아니다.

  바람의 거리를 지나왔다

  풀풀 걸음은 날려서

발자국이 찍히지 않는 나는
살아서 바람이었을까
공중을 날아오르는 비둘기호

더 이상 낯설지 않게
가슴까지 만월 흘러내릴 때

달빛에 통통 불은 몸뚱이를
여러 겹 벗겨내어 아직
그 곳에 나는 연서를 쓰고 있었다

두근두근
흰 알약 같은 달이 유혹하는 것 같아서

돌아가는 열차에 앉아있는데, 장터 끝 모퉁이에 삶은 옥수수 몇 개를 앞에 놓고 우두커니 앉아있던 할머니가 자꾸만 생각난다. 몇 차례 장터 안을 돌아 다시 와도 그대로 있던 옥수수와 찬바람만이 드나들던 허리에 찬 그녀의 빈 주머니에 초등학교 시절 장이 다 파하도록 옥수를 쌓아놓고 앉아있던 어머니의 커다란 빈 주머니가 오버랩되었다. 그 옛날 어머니의 빈 주머니가 그토록 크게 보였던 것은 어머니가 혼자 간직할 우리집의 공허한 내력 때문만은 아니었을까. 슈베르트의 〈길가의 노악사〉를 귀에 꽂는다. 맑은 슬픔 같은 것이 목구멍으로 흘러내린다. 가슴 아래가 녹아내려 뻥 뚫린 허공 안으로 얼룩진 달은 떠오르고 있다.

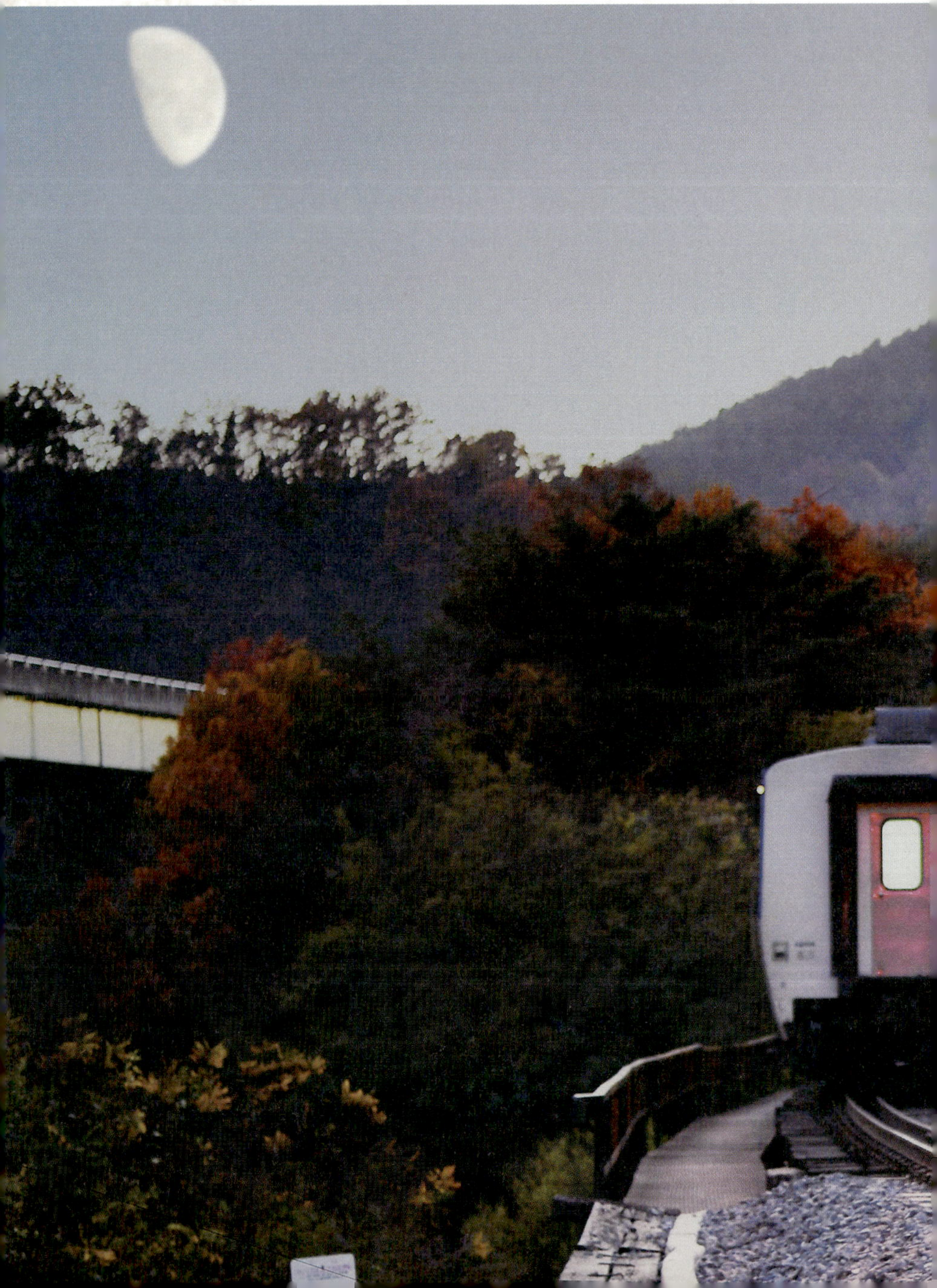

296 · 풍경과 간이역

화랑대역
서울 속의 간이역

그 시절, 도로가 발달하지 않고 육상 운송을 철도에 의존하던 시절 화랑대역은 군에 입대하는 청년들이 처음으로 가족과 연인의 품을 떠나 서늘하고 광대한 가슴을 가진 조국의 품으로 이동하는 장소였다. 서로 애타게 부르는 이름들과 분주하게 움직이는 발걸음 소리들과 호루라기 소리가 한데 뒤섞여 눈물마저 붐비던 서울 근교 작은 역의 승강장엔 건조한 계절에도 습한 공기가 흘렀다. 이제 긴 세월을 건너와서 사람들이 떠나간 승강장에 섰다. 등 뒤로 찍히는 내 발자국들은 과거로 들어가는 징검다리이다. 종종걸음으로 내 발자국을 건너오는 새의 발자국 소리를 듣는다. 이따금 새가 살아온 길로 내 발자국을 찍으며 다리가 빨개지다가 가늘어져서는 하늘 높이 환한 세상의 모든 기억 속으로 비둘기 한 마리가 까맣게 멀어져간다.

새가 날아간 역은 다시 적막하다. 역사를 둘러본다. 1939년에 개통한 역사는 온통 지붕뿐이다. 붉은 커다란 지붕 아래서 대합실과 유리창과 출입구는 장난감처럼 작아 보인다. 붉은색은 다른 색들을 자신 안에 가둔다. 그것들로 하여금 스스로부터 빠져나오도록 하는 모험심을 갖게 하는 것이어서 붉은색을 처음 보는 바라보는 순간 어떤 외부적 운명의 충동을 느끼게 한다. 적막한 간이역의 붉은 지붕은 과거로부터 지금까지 우리가 체험한 세계가 극명하게 소묘되는 역동적인 의식의 오솔길로 안내한다. 그 길의 한 모퉁이에 오래된 측백나무를 감아 올라가는 담쟁이 넝쿨의 마른 손으로 자신의 내력을 더듬어 올라가 지붕을 타고 내려오는, 아무도 만져본 적이 없는 스산한 바람의 자세로 역은 서 있다. 하루 20여 명의 승객과 역무원 2명이 근대문화유산이란 우월감 하나로 이용객이 줄어 짧아져버린 다리로 저토록 크고 무거운 지붕을 지탱하고 있는 것이다.

역 광장의 플라타너스 잎들은 10월이 다 가는데도 아직 푸르다. 나뭇잎들이 단풍들지 못한 것은 몸속 깊은 곳에서 울려나오는 나의 노래를, 아직 푸른 노래를 듣고 있다는 뜻은 아닐까

  저기 저 먹감나무, 잎사귀에 한창 머무는 햇빛
  아직 내 푸른 그늘을 변주하고 있네
  대나무 잎의 서걱이는 소리를
  나의 뼛속이 고요하게 듣고 있네

해묵은 그리움을 깔아주는 저녁도
이토록 떫떨하고 시시컬컬한 노랫말과
어울릴 수 있다니
뭐랄까
몸 깊은 곳을 울리는 무슨 악기라도 되는 듯이

대합실 안으로 들어간다. 출입구의 문이 뒤늦게 닫힌다. 뒤를 돌아보아도 나를 따라오는 사람은 아무도 없다. 찬바람만이 무시로 드나드는 철문이 다시 한 번 쿵 닫히고 등 뒤에 인기척을 느낀다. 바람은 사람들의 기억 속을 드나들었을 것이고 누구의 기억을 더듬어 나를 따라왔을 것이다. 문득 한 시인의 시화 앞에 섰다. 시와 그림을 덮고 있는 유리에 여인의 눈빛이 비친다. 여인은 비에 젖어있다. 우산을 들고 있으나 흠뻑 젖었다. 눈빛까지 젖었다. 물방울이 우산 위로 또르르 구르다가 가는 우산대 끝에 매달린다. 그녀의 눈동자가 간절하게 매달린다. 빗물이 구르는 우산의 경사와 그녀 눈동자의 간절함은 분명한 대립각을 이룬다. 그녀의 간절함과 마주하는 누군가의 가슴 속에도 영원한 평행선으로 철로는 놓였을 것이고 그녀와 그는 각각 다른 선로 위에서 마주보며 달렸을 것이다. 시화 액자의 각도를 조금 움직여본다. 그들이 가는 대로, 흔들리는 대로 나의 길이 벽에 걸린다.
화장실 소변기 위의 맑은 거울 속을 들여다보다 흠칫 놀라 한발 물러선다. 낯선 사내가 나를 노려보고 있다. 아무리 피하려 해도 한 번도 내 눈을 놓치지 않는다. 거울 속 사내의 눈 속에서 어슴푸레한 둥근달이 뜨는 소리가 들린다. 희미한 손톱이 자라서, 어둑한 발톱이 자라서 저렇게 서럽도록 괴벽한 달은 뜨는 것인가. 내가 세상에서 눈을 가진 이후 한 번도 지지 않은 저 달은 언제나 몸짓을 선행했고 나는 몸짓으로부터 벗어나기 위해 수시로 졸리기도 했지만 그러면 그럴수록 인간에게서 소실되어가는 어떤 소리를 눈으로 듣는다. 유리창 너머 가을의 낙엽이 날리는 소리가 내 눈빛과 만나는 공중 아래는 모든 것들이 누렇고 어슴푸레한 것들로 변해버린다. 그렇게 사람까지 물드는 늦은 계절은 한 번 더 거울 속에서 멈칫거린다.

승강장의 먼지 쌓인 의자에 엉덩이 자국이 찍혀있다. 누덕누덕 칠이 벗겨진 의자에 누가 앉았다 갔을까. 가만히 누군가의 자국 위에 나를 올려놓는다. 사랑은 만져본 적은 없으나 엉덩이 끝에도 있는 것은 분명하다. 공기는 차갑지만 따스한 체온이 느껴지는 것이나 시멘트 의자가 물컹하게 느껴지는 것도 그렇기 때문이다. 엉덩이를 바짝 의자에 대고 사랑에 대한 답을 듣는다. 바람에 마른 풀잎이 꺾이는 소리도, 꺾인 상처가 애처롭게 우는 소리도 사랑이다. 사랑은 영감적인 것이 아니다. 사랑은 주위의 모든 것들을 내게 가까이 끌어들여 그것들의 느낌으로 숨쉬고, 말하고, 웃고, 울고 하는 것들의 감정의 균형을 맞추는 기하학이다. 이런 것들이 하나라도 무너진다면 사랑은 한밤중에 찾아왔다가 아침 햇빛 속에 잃어버리는 꿈같은 것이다. 의자 깊숙이 뭔가 울리는 느낌이 전해온다. 어렴풋한 느낌을 되찾으며 퇴계원 방향 건널목에 상행선 열차의 모습이 나타난다. 그렇게 선명한 사랑으로 열차는 들어오고 있는 것이다. 오, 그리웠다, 내 동족이여.

이번 열차는 화랑대역을 통과한다. 하루 여섯 차례밖에 서지 않는 간이역의 이정표는 자주 생각에 잠기는 듯 고요하게 서 있다. 이정표가 가리키는 곳에서 10월의 붉은 황혼이 흘러내려 거대한 도시 속의 간이역은 옛 동화 나라에 나오는 요정의 궁전 같은 분위기에 싸인다. 이정표 안의 진부한 문자들은 과거와 현재, 미래의 기억을 넘는 새로운 세계를 응집시키며 전혀 다른 의미로의 새로운 배열을 보여주는 듯 뚜렷해진다. 기차역의 이정표 아래는 위대할 것도, 급할 것도 없는 평등한 세상이다.

열차에 탄 사람들은 이정표가 가리키는 대로 하나의 운명을 이야기하는 것 이외에 다른 더 위대한 이야기가 없다는 것을 안다. 이정표가 지시하는 속도 외에 더 빠른 것이 없다는 것을 알고 있다. 모두가 강철 같은 의지의 상자 속에서 자신의 내부와 동화되는 미지의 세계가 단 하나의 문자로 구획되어지는 새로운 일체감 속에 놀라며 경이로운 눈으로 간이역의 허술한 이정표를 바라볼 때 나는 일본 영화 〈철도원〉의 한 장면을 떠올리며 다시 시야에서 사라져가는 열차에게 수신호를 보내는 흉내를 내본다.

일 년의 절반이 눈으로 덮이는 산골 호로마역에서 평생을 보낸 철도원이 할 줄 아는 일은 들어오는 기차를 맞이하고 떠나는 열차를 보내는 수신호를 흔드는 일과 화각을 부는 일이다. 그렇게 아내의 죽음을 맞이하고 딸도 떠나보낸다. 아내와 딸이 각각 자신의 곁을 영원히 떠나는 날에도 일지에 '금일 이상무'라고 쓸 줄밖에 모른다. 나는 늙은 철도원이 가슴으로 천천히 들어오는 무궁화호 열차를 맞이한다. 열차에선 아무도 내리지 않는다. 기차의 무거운 걸음을 끌고 온 것은 무엇일까. 기관차의 지붕 위에 초승달이 우두커니 앉아있다. 그렇다. 저 창백한 달의 가여움으로 빈 열차는 여기까지 온 것이다. 가여움의 무게를 이해하는 일은 그의 삶을 내가 다시 살아 낼 수 있다는 심정 하나로 한가한 간이역에 앉아있는 일이다. 나는 이곳 이 자리에서 한 가지만 기억해도 좋다. 늙은 철도원처럼 나지막하게 호각을 분다. 열차가 다시 움직이고 나는 수첩에 '내린 사람 없음'이라고 쓴다.

화랑대역 · 309

열차가 떠나간 간이역의 풍경은 모든 것이 정지 모드로 들어간다. 열차의 지붕이 차지하고 있던 하늘은 그만큼 텅 비었다. 하늘이 텅 비는 소리를 들었다. 빈다는 것은 공기의 침묵이다. 침묵이 다가오는 소리에 역의 지붕이 납작 엎드리고 창문들은 닫혔다. 기차가 떠나간 자리를 구름과 바람과 찬 공기가 천천히 차지한다. 모양이 일정하지 않은 새털구름과, 불어오는 방향을 알 수 없는 바람과, 두꺼운 외투 밖에서 쉽게 차단되어 버리는 찬 공기 같은, 아무렇지도 않고 누구에게도 관심 밖인 것들이 내 속에 눌려있는 하찮은 것들에게 귀를 기울이며 눈 안으로 들어온다. 그것들은 내 안에서 얼마나 절실했을까. 합리적인 감옥인 무의식에 갇혀 얼마나 평화를 요구했을까. 이제 그들에게 휴식을 주려고 한다. 그러나 어쩌겠는가. 스스로 빠져나올 수 없는 흑백의 사진 속에서 소리치는 지나간 것들이 더 깊게 자신의 모습을 새겨 들어가는, 저기 산등성이를 넘어오는 어둠 속은 또 어쩌겠는가.

으스스 한기가 몰려온다. 대합실로 들어가야겠다. '안녕히 가십시오, good-bye' 라고 쓰인 출입구를 다시 들어간다. 사람들은 찾아오지 않고 겨울로 가는 황량한 바람만이 드나드는 출입구는 맞이하는 말과 보내는 인사말을 따로 구별하지 않는다. 종일 비어있는 대합실은 단순한 것들의, 우리의 의식 깊은 곳에 뿌리 내리고 있는 소박한 것들의 가치가 환기되는 피난적 공간이다. 이런 곳에선 들어오고 나가는 것 같은 역동성은 그 자체로선 의미가 없다. 그것은 누군가에 의해 감지되고 인식될 때 공간을 자신의 안으로 깊게 끌어들임으로써 실제의 심층을 드러낸다. 그것은 승차권 함으로 객관화 된다. 감지와 인식은 비밀스러운 것이어서 아무도 그 자체를 들여다 볼 수 없는 것이다. 텅텅 빈 대합실은 몇 장의 승차권으로 그렇게 자신의 존재를 알린다. 빛바랜 색깔로, 지워지다 만 문자들로 영혼이 울리는 비밀스러움에 전율하며 나는 한참이나 승차권 함을 바라보고 서 있다.

천천히 대합실 안을 둘러본다. 잘 꾸며진 문화 공간이다. 벽에 걸린 미술품들과 바닥에 놓인 나무 탁자들이 조화를 이룬다. 사람들과 화물을 실어 나르던 운송 기능이 퇴보한 지금 간이역은 한결 평정된 고독의 문화 공간으로 재탄생했다. 만남과 이별의 들뜸이나 아쉬움 같은 아련한 추억도, 가파르고 거친 세상의 고갯길도 문화라는 상징으로 정밀하게 정리되어버렸다. 벽에 걸린 사람의 얼굴 모형들은 웃고 있으나 표정은 고독하다. 문화는 진정 고독한 것인지도 모른다. 우리는 겹겹이 포개진 문명의 상자 속에서 살아간다. 여기엔 오름이나 내려감 같은 자의는 없다. 일정하게 박힌 유리창이나 구멍 같은 미명의 규약 안에서 뒹굴며 살아간다. 이 같은 변형된 양태의 생활 속에서 원시로 돌아가려는 인간의 정신이 문화 현상으로 규정되어 질 때 우리의 거처는 본래의 내밀성을 잃어버리고 문화의 소음 속에서 고독해진다. 입을 크게 벌린 얼굴이 나를 향해 웃는다. 웃음 아래는 비둘기호가, 통일호가, 무궁화호가 지나간 길들이 바스락거린다. 완행열차의 일생으로, 그 헐렁함으로 이 조그만 간이역이 너무 찬양되어지지는 않기를 너무 늦게 찾아 온 여행객은 바라는 마음이다.

화랑대역 · 313

대합실 안에서 바라보는 밖의 풍경은 환하다. 그러나 유리창은 어둡다. 입김을 불어 유리창을 닦는다. 눈을 닦는다. 한 번의 명상으로 건너 산이 다가온다. 다시 불어 닦자 창문에 내가 머뭇거린다. 한 번을 더 닦으니 보이는 모든 것들이 대합실 안으로 들어온다. 슈퍼마켓 주인이 더듬거리며 두드리는 계산대의 자판기 소리가 들린다. 한 발 다가서면 교정을 막 빠져나오는 다리 예쁜 여학생의 발소리가 들리고 옆으로 비켜서니 휑한 방 안에 홀로 앉아있는 노인의 한숨 소리가 들린다. 오늘날의 사람들은 욕심이 많은 것 같다. 새로 짓는 가옥이나 아파트, 사무실 같은 것들은 온통 창문으로 덮여있다. 세상의 모든 것들을 가지고 싶은 것이다. 내가 지금 유리창을 닦는 것은 새로운 세상이 태어나게 하는 행위이다. 사람들로부터 경시되고 버려진 것들이 새로운 현실로 솟아오른다. 울어 줄 눈물이 메말라버린 사람들의 눈물 가득한 눈으로, 손톱 밑이 까만 사람들의 서먹한 웃음으로 나는 참으로 오랜만에 혼자가 된다.

한동안 그렇게 숨 한 번에도 깨질 것 같은 적막 속에서 부동의 자세로 서 있을 때 문득 한 물건이 눈에 들어온다. 전기 포트와 커피세트가 가지런히 놓여있다. 언젠가부터 커피는 우리의 생활 속에 깊이 들어와 있다. 식후 한 잔의 커피는 그 달콤함과 형언할 수 없이 끌리는 향기는 말하지 않더라도 하루의 일과가 시작되는 원동력이 된 지 오래임을 부인할 수 없다. 1회용 커피봉지 속의 커피 알갱이와 설탕이 사르르 컵 속으로 쏟아지는 소리와 포트의 물이 끓는 소리만큼 기분 좋은 소리도 없다. 단순한 사물의 소리는 귀청의 표면을 때릴 뿐 소리가 갖는 원천은 없다. 커피를 끓이는 일련의 소리들은 사람의 말처럼 의미의 배경을 갖는다. 이 의미는 항상 외부로 열려있는 집의 문과 같아서 누구나 그 앞에서 무질서 속의 자유로움에 감동할 때 이 감동이 너무 빨리 사라지지 않기를 기대하며 피우는 게으름의 배경이다. 커피를 마시고 난 다음 빠르게 찾아오는 아쉬움과 허전한 뒷맛에 의해 충분이 보상되는 불경스러운 가치요 미덕인 것이다. 날은 저물어가나 서둘 것도 기다리는 이도 없는 외로운 여행객은 종이컵의 뜨거움에 질리지 않을 만큼 천천히 한 모금의 커피를 두 손바닥 깊이 음미한다.

커피를 마시며 쳐다본 벽 위엔 열차 시간표가 걸려있다. 커다란 시간표는 텅 비어있다. 상하행 3회씩, 하루 여섯 대의 열차가 화랑대역에 선다. 그 옛날 기관차 엔진의 열기로, 조국의 국경을 지키러 가는 젊은 가슴들의 열기로 부산으로 광주로 강릉으로 전국으로 내려가는 길에 찍었던 뜨거운 발자국들이 저 시간표 안을 꽉 채웠을 것이다. 긴 세월을 지나서 몇 개의 발자국들이 드문드문 지나간 흔적을 적막이 따라가다 더 휑하니 비어버린 시간표 안에 지금 나는 무엇을 채우고 있는가. 더 이상 따라갈 곳이 없어져버린 적막이 몸속을 채우는 소리를 나는 귓속에 스며든 그늘로 듣는다. 그늘마저 말라버린 다음에는 창 밖에 아직 단풍들지 못한 플라타너스 잎에 젖어오는 어스름으로, 젖은 만큼의 비애로 시간표 안으로 귓구멍 하나가 풍덩 뛰어들어 멀리서 피곤한 발자국을 끌고 오는 완행열차를 기다린다.

이미 어둑해진 승강장에 여인이 서 있다. 저 여인이 기다리는 것은 무엇일까. 여인은 이마에 내려앉은 어둠을 어디까지 나가서 마중해온 걸까. 어둠이 눈꺼풀을 적시고, 콧잔등을 적시고, 가슴까지 흘러내려 온몸 까맣게 고일 때까지 여인은 그 자리에 가만히 서 있다. 박물관에나 전시되었을 것 같은 고전적인 어둠을 나는 보고 있는 것이다. 역이 생기기 전의 들판에 번지는 어둠으로 돌아가서 이 자리에서 누군가를 기다리고 있었다는 기억마저 캄캄하게 덮어버릴 때 융숭하게 떠올라서는 여인의 표정과 섞이러 가는 달은 미래에서 유배당한 추억이다. 카메라를 들어 여인의 뒷모습을 사진에 담는다. 여인은 사진 속에서 얼마나 또 오랫동안 웅크리고 서서 기억 저편의 꿈에 잠길 것인지, 하나씩 켜지는 가로등의 불빛 아래가 여인의 둥근 집은 아닌지, 이제 막 들어오고 있는 막차의 불빛에 내 궁금증은 조금씩 조금씩 환해진다.

화랑대역 · 317

팔당역

마지막 간이역

한강과 예봉산이 만나는 산자락에 조그만 간이역이 하나 있다. 팔당역이다. 서울에서 그리 멀지는 않았지만 산과 물만이 만나는 외진 이곳은 여덟 가구만이 살고 있어서 예전부터 팔당八堂이라 불렸다. 멀리서 보면 역의 명판 밖에 보이지 않는 작은 간이역은 무시로 뒷산에서 들려오는 산새 소리와 한강 너머로 지는 햇살이 섞이어 지붕이 붉은 울음으로 덮였다. 역사를 파랗게 새로 칠한 날에도 역은 더 오래된 색의 깊은 고독 속으로 가라앉았다. 역사보다 큰 하얀 명판만이 산모퉁이를 돌아가다 강물로 빠져들 것 같은 열차를 문들 막아 세우는 곳이었다. 이젠 강물을 따라 흐르던 철로도 저만치 이설되었고 새로운 전철역이 근처에 들어섰다. 키 큰 신역사의 그늘에 깔려 한참 낮아진 옛 간이역은 익살스럽게도 커다란 나무명판 안에 어떤 폭넓은 희미한 풍경을 담고 있는 것 같아서 몰락이나 쇠퇴도 이제까지 체험한 것으로부터 새로운 것을 만들어 내는 예술의 시도처럼 생각되게 하는 것이 무척이나 숭고하게까지 보인다.

등록 문화제 제295호로 지정된 팔당역은 동쪽으로 팔당댐을 마주한 채 서울 도심으로 자꾸만 편입해 들어가는 다른 역들을 바라보며 홀로 중앙선의 초입을 쓸쓸하게 지켜왔다. 우리나라에선 몇 안 되는, 플랫폼에 역사가 있는 간이역 중의 간이역인 팔당역은 하행선과 상행선 사이에 끼어 떠남과 돌아옴의 시간의 차이를 자신의 허술함으로 해마다 넓혀서 아침저녁으로 길어지거나 짧아지는 햇빛에 어디까지 모호한 그림자를 드리워야 할지 좁디좁은 플랫폼 조차도 힘에 겨워했다. 기차는 몇 차례 서진 않았어도, 달리는 기차를 자주 서게 하진 못했어도, 긴 열차가 날카로운 기적을 울리며 지나갈 때마다 성냥갑 같은 간이역은 부서져 내릴 것처럼 흔들렸어도, 그리고 아무 것도 표현하지 않았으면서도 그냥 역이란 이름으로 서 있었다. 쓸쓸한 간이역에서 사람들이 가장 두려워하는 것은 어쩌다 자신이 이곳까지 흘러왔는지 모르는 우연성이다. 사람들은 우연성의 침입으로부터 자신을 보호하기 위해 감각의 오지로 스스로를 유폐시킨다. 그곳이 땀 촉촉하게 밴 손바닥 안이거나, 꼭 쥐고 있었으나 끝내는 놓쳐버린 누군가의 손금 같은 간지러운 것들이었더라도 그것은 이젠 누구의 것도 아닌 자신들이 인내해야 할 추억으로 팔당역은 서서히 잊혀갈 것이다.

초원에서 먹잇감을 쫓는 치타처럼 내 낡은 자동차는 그르렁거리며 헐떡이며 가을 풍경 속을 내달린다. 내 마지막 종착역인 간이역, 팔당역은 좀처럼 따라 잡히지 않고 이따금 나타나는 붉은 신호등 뒤로 숨어버린다. 신호등이 막아서는 시간 동안 나의 역은 그만큼 더 멀리 달아난다. 한 번 더 속도를 올려 따라가는 거리의 사이를, 가로수의 나뭇잎들이 한 잎 더 붉어지는 시간의 차이를 뭉게구름은 들락거린다. 따가운 햇살은 앞 유리창에 흘러내리고 창문이 출렁일 때마다 풍경은 황급히 멀어진다. 내가 간이역을 찾아가는 것은 그리 급한 일은 아니겠으나 가을이 저렇게 필사적으로 달아나는 것은 슬픈 일이다. 핸들을 잡은 손등에 젖는 햇빛 물빛이 오늘만 같아서 액셀러레이터를 밟는 발목까지 그렇게 적셔서 물컹하게 밟히는 시간도 눈물 없이 그대로 보낼 수만 있다면 저기 팔당 대교의 끝, 나의 시선이 닿아진 길의 끝에 숨어 있는 작은 역의 이름을 내가 가르쳐 줄 이가 없다는 것이나, 내게 그 이름을 들려 줄 이가 이젠 없다는 것 역시 슬픈 일만은 아닐 것이다. 그러나 그 이름보다 오래 기억될 팔당역의 처마 끝이나 커다란 나무 명판에서 뛰어내리던 빛이나 그림자 같은 것들을 온전히 사랑해 본 적이 없다는 것이 다시 슬픈 일이다.

팔당대교를 건너는 동안 나의 간이역은 다시 식당들의 커다란 간판 뒤로 숨어버린다. 기차역의 퇴역과 함께 근처에 있던 옛날의 가게들은 모두 사라지고 그 자리엔 보리밥집, 두부집, 오리집 등 식도락가들을 위한 음식점들의 새로운 간판들이 내걸렸다. 키 작고 볼품 없는 가난한 아버지를 에워싸고 웅크린 채 발을 떨던 식구들 같은 역 주위의 가락국수 집, 빵집, 잡화점 같은 허술한 가게들은 어디 갔을까.

새벽 완행열차를 기다리며 뜨거운 국물로 적시던 목구멍은 학업을 포기한 동생이 서울행 기차에 오르던 날 아침 삶은 옥수수 다발을 팔러 가던 어머니의 비밀스런 눈물처럼 금세 말랐다. 장에 간 어머니를 기다리는 어린 동생들의 눈을 닮은 깨끗한 빵들이 동그랗게 부풀어 오르는 유리 솥 안을 바라보는 것이 참 좋아 나는 빵 가게 앞에 한참을 서 있곤 했다. 빵 집은 사라지고 그 자리를 돌배나무가 지키고 있다. 갓난아이 주먹만 한 돌배들이 몇 개 달려 있는 돌배나무는 가지가 축 처져 있다. 저 나무는 오랫동안 함께 해온 근처 가게들이 하나 둘 헐려 나가는 것을 지켜보며 속이 텅 비어갔을 것이다. 늙은 배나무 가까이 가서 그 안을 골똘하게 들여다본다. 저 빈 속을 아침 햇살이 자주 드나들었을 것이고, 그때마다 새하얀 꽃들은 피었을 것이고, 꽃 지는 밤이면 둥근 달이 여러 번 다녀갔을 것이다. 그리하여 저토록 돌같이 단단한 어린 열매들도 얻었을 것이다. 내게도 해가 뜨고 달이 지는 일이 저렇게나 참 오래된 일이었다. 오늘 저 강을 건너가는 산의 그림자를 그만큼 오랫동안 바라볼 일이 남았다. 거기에 어떤 장구한 시간이 함께 해서 내 속이 비어가는 것을 지켜볼 수 있을 것인지 등 뒤로 돌아 흐르는 강물 소리만 고요히 모퉁이들 밖으로 길을 밀어내고 나는 동그랗게 길과 뭉뚱그려져 흘러간다.

팔당역 앞을 파란색 버스가 지나간다. 파란 하늘과 푸른 물빛, 아직은 푸르름을 잃지 않은 풍경 사이를 두런두런 헤집고 들어오는 버스는 흘러가 버린 옛 풍경과 오늘의 것을 이내 구분한다. 신역사 앞을 방금 지나온 버스 안에 앉아있는 사람들, 앉아서 물끄러미 창밖을 내다보는 그들의 눈동자가 빛난다. 상자 속의 보석은 상자가 낡고 오래될수록 빛나는 법이어서 버스가 폐역사 앞을 지날 때, 역의 창문에 반사되는 너덜너덜한 햇빛 속을 지날 때 버스 안 사람들의 눈동자들이 보석처럼 반짝인다. 삶이 고단할수록 우리의 영혼은 맑게 씻긴다. 역의 뒤편 예봉산의 가파른 등산로에 한 주일의 마지막 남은 힘을 다 버리고 내려온 피곤한 몸뚱이들이 품은 맑은 영혼들이 창밖을 향해 흔들린다. 저들이 흔들리며 가는 길이 얼마만큼 멀고 가까운 것일까. 햇빛 아래 막다른 골목에 선 아이처럼 우두커니 헤아려 보는 공허함도 때론 유혹당할 만한 것이어서 아슬아슬하게 멀어져가는 내 생각의 뒤통수를 아무에게도 들키지 않도록 나는 얇은 모자를 푹 눌러쓴다.

팔당역은 출입구 쪽이 철망으로 막혀있다. '일반인 출입 금지'란 안내 문구가 붙어있다. 등록문화재로 지정된 역에 사람의 접근을 금지하는 까닭은 무엇일까. 남양주시 문화광광 담당자 말로는 팔당역은 아직 소유권이 코레일의 소유로 되어있다. 코레일은 S 시멘트 회사에 오랫동안 사용 편의를 제공하고 있어서 별도의 개발이나 매각 의사가 없다는 것이다. 근처 굴다리를 지나 역의 뒤 쪽을 통해 역사로 들어가야 하는데 마침 시멘트를 실은 화물 열차가 길게 들어서 있다. 관계자에게 이러저런 사정 이야기를 하고 허락을 얻어 화물 열차를 넘어 역으로 들어갔다. 거대한 시멘트 사일로를 배경으로 서 있는 역은 엄마 잃은 아이처럼 홀로 하늘을 이고 앉아서 흐느낌 같은 소리를 낮은 지붕 아래로 흘려보낸다. 그 흐느낌 소리에 처마 끝과 울타리가 젖고 밑바닥까지 흠뻑 젖는 가슴이 있다는 걸 알아차리곤 폐간이역은 모서리 한 귀퉁이를 열어 나를 제 안 깊숙이 받아들이다

먼저 눈에 들어온 것은 조그만 역사의 커다란 나무 명판이다. 하얀 바탕에 검은색 한글로 양각 된 옛날식이다. 조금 멀리 떨어져서 바라보면 역의 모습은 명판뿐이다. 이제 역은 그 임무를 다하고 이름만으로 서 있다. 몸뚱이보다 커다란 이름표를 찬 폐역의 새로운 임무는 지난날의 허망한 주소지에 도전해오는 미래를 향하여 예언자처럼 호젓한 한평생을 호명하는 일이다. 그 일이 어디까지 확장되어 때로는 까마득하게, 어느 때는 발길에 스치는 길의 길이로 가늠해 볼 수 있는지 알 수는 없을 터인데 저기 영토를 넓혀오는 망초들에겐 어느 종족의 망국의 슬픔으로 새 이름을

지어 불러준단 말인가. 커다란 역 명판 아랜 가을 풀벌레들의 울음소리가 키가 자라서 역의 이름을 자기들식으로 노래한다. 한참이나 귀를 기고 듣고 있는데 사람의 몸뚱이도 한 평의 풀밭인지 무릎 관절 여기저기 울어서 새 순 자라는 소리가 들리고 나는 이내 무성한 잡초들 사이로 묻히고 만다.

사람이 떠나버린 승강장에 서 있다. 사람들을 따라 바람도 떠나갔을까. 발자국들마저 말라버린 시멘트 블록 위엔 흙먼지만 쌓였다. 강바람도 다시 찾지 않는 횅한 플랫폼에 서서 녹슨 철길을 바라본다. 철길은 잡초들 사이에 누워 평화롭다. 이젠 더 이상 반질반질 얼굴을 다듬을 필요가 없이 맘 놓고 벌겋게 녹슬어 갈 수 있어서 평화롭다. 지금까지 견뎌온 것보다 더 오랜 시간을 체념할 수 있어서 평화로운 것이다. 스스로 달릴 수 없는 운명에 맡겨진 묽은 길 아래 쌓인 세월의 흔적 위에 흔적을 하나 더 하는 일 만큼이나 하찮은 일이다. 그러나 해가 진 하늘이 붉게 물드는 것을 애처롭게 바라보는 누군가가 견뎌온 빛처럼 철길이 녹슬어가는 것을 가슴 아파하는 사람의 이유 없는 눈빛으로, 그만큼만한 애절한 빛깔로 저토록 평화로운 것도 내겐 상처가 될 것 같아 나는 고개를 돌린다. 고개를 돌려 숨 가쁘리만큼 고요한 나의 근황을 텅 빈 승강장에 깊이 새기며 발자국이 흙먼지 위에 선명하게 찍히는 것을 본다.

선로 옆엔 행선판이 아직 그대로 서 있다. 열차가 달리기를 멈춘 지도 몇 년이 흘러갔는데 더 이상 켜질 일이 없는 진로 표시등을 앞세우고 다시 오지 않을 열차를 기다리는 행선판이 정작 기다리는 것은 무엇일까. 떠나간 열차가 남기고 간 속도 위로 시간은 빠르게 흘러갔다. 사람들이 이 곳에서 만나고 헤어지는 시간보다 기다리던 시간은 더 멀리 흘러갔고 그 만큼 더 빠르게 잊혀졌을 것이다. 잊혀진다는 것은 무엇에 대한 기억을 더 깊은 기억 속으로 가지런히 가라앉히는 일이다. 한 기억이 있었던 흔적 위에 다른 기억을 차례로 기록하는 일이어서 저 두 줄기 폐철로가 서로 만날 수 없도록 일정하게 받치고 있는 침목들의 질서만큼이나 엄격한 순서를 갖는다. 행선판 한 쪽 귀퉁이에 조각난 달이 걸렸다 가면 달이 떨어져나간 자리를 언젠가는 누군가 자신의 눈빛으로 메우고 빛이 당도하는 머나먼 길을 계산되지 않는 순서대로 울면서 가고 있을 것이다.

팔당역의 입구에서 역사로 들어가는 통로는 하행선 철길을 가로질러 곧바로 승강장으로 연결된다. 진입로 위쪽으론 등나무 넝쿨이 아치형으로 늘어져 있어 그 아래 통나무를 갈라 깔아놓은 통로 위엔 등꽃보다 알싸하고 서늘한 그늘이 흘러내렸다. 사람들이 등나무 그늘을 통과하여 플랫폼으로 들어가거나 역의 출구를 향하여 종종걸음으로 떠났어도 발자국들은 남았다. 저희들끼리 모였다 흩어지기를 반복했다. 그것이 꼭 어쩌다 등나무 줄기 사이를 헤집고 들어온 햇빛 때문만은 아니더라도 발자국 안에선 비릿한 햇살 냄새가 났다. 그러면 등나무 넝쿨은 등을 동그랗게 옹크려 한층 더 어두컴컴한 터널을 만들고 뜨거운 햇살에 닮은 길들이 한꺼번에 몰려와 등나무 아래는 반질반질한 흔적들로 한없이 이어지곤 했다. 지금은 사람들의 발길이 끊긴 저 통로 위를 마냥 지나는 것은 낯선 오후의 풍경이다. 아무리 들여다보아도 속이 훤히 보이지 않는 엉키고 엉킨 햇살 터널 안을 한낮에 질린 내 그림자가 가득 채우고 있다.

팔당역에서 또 하나 특이한 것은 역사보다 더 큰 화장실이다. 대부분 간이역의 화장실들은 외따로 있거나 역사에 부속되어 있는 것이 보통인데 이곳의 화장실은 역의 입구에 바짝 가까이 있다. 화장실이 그렇게 큰 까닭은 사실 역무원 숙직실이 함께 붙어있기 때문이다. 역사보다 큰 화장실은 언제나 우월한 그림자를 역의 지붕 위로 드리우곤 했다. 열차를 기다리던 사람들이나 역무원들 모두 자신들의 얼굴을 그림자 속에 숨기고 한결 평온한 얼굴로 웃고 이야기 하다가도 열차가 들어오고 떠나갈 때면 서늘해진 옆구리가 허전해 자꾸만 뒤돌아보았다. 그것이 저 화장실 탓만은 아니었겠으나 사람들이 제 빛깔을 숨기고 도달하고픈 곳을 화장실의 지붕은 미리 알고 있기라도 하는 듯 제 키를 높이곤 했다. 그때의 그 우월한 높이는 사람들의 바싹 말라버린 기억 속에서 부서져 내렸고 자랑스럽게 매달고 있던 명찰도 떨어져 습기 찬 땅바닥에 뒹굴고 있다.

저 명판이 땅에 닿아 대지로부터 듣는, 묘비명 같은 그 무엇을 폐역의 역사는 마주하면서도 지붕을, 창문을 어물어물 넓혀서 아이 잃은 엄마처럼 예봉산의 늙은 그림자를 어룽어룽 마중 나가고 오후의 한나절은 커다란 화장실과 폐역사 사이에 엉거주춤 서 있다.

역의 이곳저곳엔 망초꽃이 환하게 피었다. 망초꽃은 폐역의 어두운 공기 속에서 훨씬 밝아 보인다. 한 국가와 가정의 흥망에 관례된 음울한 유래를 갖고 있긴 하지만 옛집 울타리나 토담 사이, 마을길 어디를 가더라도 피어있던 우리 할머니의 흰머리 색깔 같던 꽃이다. 그 모습을 떠올리면 맑은 하늘에서 비 뿌릴 것 같은 눈물 많은 꽃이다. 망초가 뿌리를 뻗어가는 곳을 향해 걸음을 옮긴다. 그 유래가 어떻든 내게 있어 망초꽃 피는 곳은 나의 뿌리가 자라나온 곳이다. 한 걸음 가까이서 걸어가면 할머니도 할머니의 어머니도 거기 있다. 내 발가락은 자라 할아버지의 너털웃음과 섞이러 간다. 모두가 거기 함께 간다. 한 걸음 떨어져서 따라가면 눈물 같은 꽃들 길 위에 뿌려져 마구마구 한 계절은 내게 달려온다. 한 계절의 하루는 한 발 앞서 가는 소식이다. 소식과 소식을 뒤따라 다른 하루가 겹친다. 그처럼 묵은 시간을 내 몸 안에서 몸 밖으로 흘려보내는 일이 저 망초꽃길을 따라 걷는 것이다.

망초꽃길을 따라 한참을 걸어가니 길은 어느덧 역을 벗어난다. 역이 뒤쪽엔 신설된 철길이 돌아가고 시멘트 구조물이 나치 독일의 지하 벙커처럼 산기슭의 흘러내릴 것 같은 철길을 보호하고 있다. 철길 아래로 뚫린 지하도로 걸어 들어간다. 어둠이 끝나는 저편엔 햇빛이 눈부시게 쏟아져 내린다. 방금 지하 요새에서 탈출한 두 사람의 척탄병 같은 등산객 차림의 키 큰 사내와 키 작은 사내가 실루엣으로 걸어 나간다. 저들은 아득히 숨찬 하루를 지나왔다. 햇빛은 이미 저들의 몸을 통과하여 먼저 지나가 버렸으므로 그림자도 없이 어둠의 중심으로부터 몸뚱이가 환하게 빛나는 걸음으로 나간다. 내가 가만히 바라보는 그들이 눈물나게 하는 것은 키가 크다거나 작다거나 할 것 없이 평등한 보폭을 가졌다는 것이다. 한 사람이 발걸음을 옮긴다. 그의 발자국이 조금씩 넓혀가는 흐릿한 풍경을 다른 키 작은 사내의 발자국이 소리 나게 지운다. 그렇게 뭉텅 비어버린 풍경 안으로 난입하는 햇빛 속을 키 작은 내가 거인처럼 성큼성큼 걸어 들어가고 내 뒤에선 그림자가 비명처럼 소리소리 쓰러진다.

걸음을 멈추고 뒤돌아보니 울타리에 갇힌 팔당역이 또 안쓰럽다. 경춘선의 복선 공사와 중앙선의 철로 이설은 수도권의 한강 유역에서 가장 운치 있는 풍경을 잃어버렸다. 사람들은 속도를 얻었으나 느린 완행열차 안에서 내다보던 팔당호의 일출과 일몰을 잃어버렸다. 능내-팔당 구간의 그림 같은 풍경들을 잃어버린 것이다. 열차의 차창에서 차창으로, 사람들의 어깨에서 어깨너머로 뜨고 지던 정다운 한강의 붉은 태양은 이젠 딱딱한 직선의 철길 위에서 두리번두리번 쫓아오는 사나운 꿈자리로 타락했다.

양수리의 물오리들은 더 이상 물빛 파란 날갯짓으로 가을의 단풍잎을 물어오지 않는다. 다만 사람들의 부산한 기척과 허겁지겁 날아오르는 물새들의 놀란 울음소리에 빠르게 지나가는 하루가 며칠보다 길게 느껴질 뿐이다. 사람들은 느린 완행열차의 냄새나는 의자에 깊숙이 등을 묻을 때 그들의 눈에서 눈으로 흐르던 옛날의 풍경들이 그리울 것이다. 온몸에 맡겨지는 속도에서 문득 옥수숫대가 자라다가 훌쩍 강을 건너오는 버드나무의 그늘로 몸 안에 번져 들어오던 열차의 덜컹거림이 다시 그리울 것이다. 결코 돌아오지 않을 옛날은 저렇게 빨리 망각되어야 하는 것인가. 사람들의 기억을 둘러싸고 기억 밖으로 박힌 팔당역의 철망이 한 번 더 안타깝다.

epilogue

지난 2003년부터 시작된 나의 간이역 기행은 전국을 돌아와 팔당역에서 하차한다. 2006년까진 주로 알려진 간이역이나 오지의 역을 찾아다니는 여행이었다. 이미 《추억으로 가는 간이역》이란 단행본으로 출판 한 바 있다. 그 후 지금까진 등록문화재로 지정된 역들과 누구나 한 번쯤은 가봐야 할 몇 곳을 선정하여 찾아다녔다. 열차를 놓치면 몇 시간을 혼자 기다려야 할 때도 있었다. 하루에 한 차례 밖에 서지 않는 곳에서의 난감함이란 설명하기 어렵다. 그래도 8년 동안이나 간이역을 찾아다녔던 것은 과거 지향적인 나의 성격 때문이기도 했지만 속도가 지배하는 오늘날 조금은 여유 있는 시간과 공간 안에서 우리의 현실과 나 자신에 대하여 돌아보고 보다 나은 미래를 재설계하기 위함이었다. 그러나 직장에 얽매인 몸으로서 시간에 쫓기다 보니 간이역과 관련하여 살아가는 사람들은 거의 만나보지 못하고 대부분 간이역에서의 나의 단상들만을 써 온 것이 못내 편협한 여행인 것 같아 아쉽기 그지없다. 두서없이 난해한 졸필에도 불구하고 끝까지 인내해 주신 《열린시학》 이지엽 주간 선생님과 그동안 많은 격려를 해주신 독자 여러분께 깊은 감사의 말씀을 올린다.

2010년 겨울.

풍경과 간이역

인쇄 2015년 4월 6일
발행 2015년 4월 11일

지은이 배홍배
발행인 서정환
펴낸곳 신아출판사
주소 서울시 종로구 삼일대로 32길 36(익선동 30-6 운현신화타워 빌딩) 305호
전화 (02) 3675-5635, (063) 275-4000 · 0484
팩스 (063) 274-3131
이메일 sina321@hanmail.net, essay321@hanmail.net
출판등록 제 465-1984-000004호
인쇄·제본 신아출판사

저작권자 ⓒ 2015, 배홍배
이 책의 저작권은 저자에게 있습니다. 서면에 의한 저자의 허락없이 내용의 일부를 인용하거나 발췌하는 것을 금합니다.
COPYRIGHT ⓒ 2015, by Bae Hongbae
All rights reserved including the rights of reproduction in whole or in part in any form.

잘못된 책은 바꿔 드립니다.

ISBN 979-11-5605-200-5 03810
값 15,000원

> 이 도서의 국립중앙도서관 출판시도서목록(CIP)은 서지정보유통지원시스템 홈페이지
> (http://seoji.nl.go.kr)와 국가자료공동목록시스템(http://www.nl.go.kr/kolisnet)에서
> 이용하실 수 있습니다.(CIP제어번호: CIP2015010313)

Printed in KOREA